제대로 배우는
인도네시아어 회화 1
초보편

제대로 배우는 인도네시아어 회화 1-초보편

발행일	2018년 9월 7일		
지은이	안 봉 수	엮은이	송 창 섭
펴낸이	손 형 국		
펴낸곳	(주)북랩		
편집인	선일영	편집	오경진, 권혁신, 최예은, 최승헌, 김경무
디자인	이현수, 김민하, 한수희, 김윤주, 허지혜	제작	박기성, 황동현, 구성우, 정성배
마케팅	김회란, 박진관, 조하라		
출판등록	2004. 12. 1(제2012-000051호)		
주소	서울시 금천구 가산디지털 1로 168, 우림라이온스밸리 B동 B113, 114호		
홈페이지	www.book.co.kr		
전화번호	(02)2026-5777	팩스	(02)2026-5747

ISBN   979-11-6299-258-6 14730 (종이책)   979-11-6299-259-3 15730 (전자책)
       979-11-6299-257-9 14730 (세트)

이 도서의 국립중앙도서관 출판예정도서목록(CIP)은 서지정보유통지원시스템 홈페이지(http://seoji.nl.go.kr)와 국가자료
공동목록시스템(http://www.nl.go.kr/kolisnet)에서 이용하실 수 있습니다.
(CIP제어번호: CIP2018028922)

(주)북랩 성공출판의 파트너

북랩 홈페이지와 패밀리 사이트에서 다양한 출판 솔루션을 만나 보세요!

홈페이지 book.co.kr • 블로그 blog.naver.com/essaybook • 원고모집 book@book.co.kr

1
초보편
★ ● ● ●

인도네시아 우이대학교 한국어과 학과장이 추천한

제대로 배우는

인도네시아어

회화

안봉수 지음

송창섭 엮음

북랩 book Lab

Bab 3.
인도네시아어 기초 문장

Bab 4.
인도네시아어 기초 문단

부록.

인도네시아 애국가

우리는 IT와 인터넷이 발달한 시대 속에서 살고 있지만, 언어의 중요성은 예나 지금이나 변함없이 중요하다는 것은 누구나 알고 있는 사실입니다. 아직도 세계 공용어인 영어를 필수적으로 배워야 하는 현실이지만, 점점 제2 외국어도 주목을 받는 시대로 변화하고 있습니다. 그 흐름에 발맞춰 우리는 영어뿐만이 아닌 제2 외국어를 배우는 것이 꼭 필요합니다. 현재 우리나라는 무역 강대국으로서 세계의 많은 나라와 교류하고 있으며 더 많은 교류를 해야 하는 나라입니다. 이러한 상황에서 세계 4위의 인구 이억 팔천의 인구와 넓은 땅, 풍부한 천연자원을 보유한 나라로써 많은 전문가가 미래에 4대 경제 대국이 되리라 예측한 인도네시아와의 교류는 무척 중요한 사안이 될 것이 분명합니다. 지난 2017년에는 문재인 대통령과 조코 위도도 대통령이 기존 양국 관계를 '전략적 동반자 관계'에서 '특별 전략적 동반자 관계'로 격상하는 데 합의하였습니다. 앞으로 우리나라에 있어서 인도네시아는 매우 중요한 국가가 될 것이라 확신합니다. 따라서 여러분께서 인도네시아어를 공부하는 것이 다가오는 미래를 준비하기에 좋은 선택이 될 것입니다.

현재 시중에는 많은 훌륭한 인도네시아 회화책이 나와 있지만 제대로 공부하기에는 너무 기본적이거나 적은 양의 내용이 대부분인 실정입니다. 하지만 이 책을 보시면 실생활에서 충분히 쓰일 내용이 방대하게 수록되었다는 것을 볼 수 있을 것입니다. 또한, 우이대학교 한국어과 학과장을 비롯해 교수 회의에서 우수한 책으로 평가되어 추천을 받았으며, 80여 명의 다양한 지역 출신과 연령층이 녹음에 참여했다는 점에서 다른 책들과의 차별점을 두었습니다. 이 책은 총 3권으로 이루어졌으며, 1권은 문법과 실제로 하고 싶은 말, 물어보고 싶은 말 등 다양한 상황 속에서 쓰일 수 있는 단 문장으로 구성되었고 2, 3권은 실제 회화문장과 동화, 뉴스, 여행, 관광, 농업, 산사태, 무역, 교통, 교훈, 속담, 교육, 사고, 병원, 가족관계, 환경, 일상생활 등 다양한 분야의 내용입니다. 독자에게 더욱 많은 내용을 전달하기 위하여 그림이나 삽화가 없어서 지루할 수도 있겠으나 인도네시아를 제대로 공부하기를 원하는 독자분들께는 충분한 책이라고 생각합니다. 앞으로 인도네시아란 국가의 문화와 산업 등, 각 분야에 관심이 있거나 관련된 일을 하실 분들께서 이 책을 통해 가장 빠르고 정확하게 본인이 설계한 미래에 도달하시기를 기원합니다.

recommendation

Korea dan Bahasa Indonesia, Sebuah Pengantar
Eva Latifah, Ph.D
Ketua Program Studi Bahasa dan Kebudayaan Korea, Universitas Indonesia

Era globalisasi telah menghapus batas sekat antarnegara. Hubungan antarindividu tidak lagi terhalang oleh ruang dan waktu. Siapapun dapat berkomunikasi dengan yang lain, kapanpun dan di manapun. Dengan begitu, komunikasi dengan beragam entitas bangsa berbahasa lain menjadi lebih tinggi. Oleh karena itu, kebutuhan akan penguasaan bahasa lain selain bahasa ibu menjadi satu hal yang tidak dapat dihindari.

Dalam hal hubungan Korea dan Indonesia, tentu penguasaan kedua bahasa menjadi alat pengikatnya. Pembukaan jurusan bahasa Indonesia di beberapa universitas di Korea menjadi penanda fenomena itu. Sebut saja, Hankuk University of Foreign Studies (HUFS) telah membuka Jurusan Malaysia-Indonesia sejak tahun 1970an.

Apalagi, dalam acara Korea-Indonesia Bisnis Forum di Jakarta pada tanggal 9 November 2017, Presiden Mun Jae-in menyampaikan pesannya untuk meningkatkan kerja sama kedua negara. Dalam pidatonya, beliau bahkan menyampaikan bahwa meski hubungan diplomatik baru dibangun sejak 1973, hubungan interaksi Korea-Indonesia sudah terjalin sejak 623 tahun yang lalu. Kontak antara Dinasti Joseon dan Kerajaan Majapahit tercatat dalam catatan sejarah Korea.

Di Indonesia, jumlah instansi yang membuka pendidikan bahasa Korea semakin meningkat. Jumlah perusahaan Korea yang berinvestasi di Indonesia pun semakin tinggi. Data Kotra menyebutkan bahwa hingga akhir tahun 2017, jumlah perusahaan Korea di Indonesia telah mencapai 2200.

Sayangnya jumlah orang Korea yang menguasai bahasa Indonesia dan orang Indonesia yang menguasai bahasa Korea masih belum mencukupi. Dengan begitu, pendidikan bahasa Korea dan bahasa Indonesia, begitu juga buku ajarnya masih sangat diperlukan. Atas motivasi itulah, buku ini dibuat.

Buku ini adalah buku bahasa Indonesia bagi para pembelajar bahasa Indonesia. Buku ini terdiri dari tiga seri. Tiap serinya terdiri dari berbagai tata bahasa dan percakapan yang disusun mulai dari yang termudah hingga yang lebih kompleks.

Dengan demikian, buku ini dapat digunakan oleh pelbagai kalangan, baik guru atau dosen, mahasiswa, pelajar, atau kalangan umum.

Buku ini dapat menjadi solusi bagi mereka yang ingin belajar bahasa Indonesia dengan otentik. Contoh kalimat-kalimat dibuat berdasarkan catatan penulis buku ini selama berada di Indonesia. Kelebihan buku ini adalah terletak pada banyaknya contoh situasional. Hal itu sekaligus membedakannya dengan buku-buku bahasa Indonesia terdahulu.

Buku ini juga menjadi buku alternatif bagi orang yang ingin belajar bahasa Indonesia karena dikembangkan dengan melibatkan mahasiswa Indonesia yang secara

sukarela mengulas isi cakapan di dalam buku. Dapat dimengerti bila contoh kalimat-kalimat dan percakapan di dalam buku ini menjadi sangat banyak sekali. Meski begitu, semangat penulis untuk menampilkan sebanyak mungkin situasi kebahasaan perlu diapresiasi dengan baik.

Buku bahasa Indonesia ini dibuat dengan berdasarkan pengamatan orang Korea terhadap Indonesia. Oleh karena itu, situasi kebahasaan yang ditampilkan dalam buku ini adalah situasi kebahasaan yang dekat dengan kehidupan orang Korea di Indonesia. Hal ini akan membantu orang Korea yang ingin tingal di Indonesia.

Satu hal lagi yang menjadi catatan adalah buku ini tidak disertai dengan gambar atau ilustrasi. Ketiadaan gambar atau ilustrasi dapat menjadi kekurangan dari buku ini. Selain proses pembelajaran yang menjadi kurang menarik, ketiadaan ilustrasi juga membatasi imajinasi dan visualisasi yang sangat membantu dalam proses belajar mengajar bahasa. Ternyata, ketiadaan gambar visual disengaja oleh penulis buku ini. Di sinilah saya melihat sedikit perbedaan cara pandang Indonesia dan Korea dalam menilai buku bahasa. Pembelajar Indonesia memandang penting kehadiran gambar, sementara Korea (setidaknya menurut penulis buku ini) lebih mementingkan isi buku.

Akhirul kalam, sebagai penutup, saya menyambut baik hadirnya buku ini. Dengan segala kelebihan dan kekurangannya, buku bahasa Indonesia yang ditulis oleh pemerhati bahasa Indonesia ini dapat menjadi alternative bagi para pembelajar Korea. Tentunya, baik atau tidaknya buku ini dapat dilihat langsung oleh para pembelajar yang menggunakan buku ini. Selamat belajar dan menyelami belantara bahasa Indonesia.

Salam hangat di cuaca yang selalu hangat,

Depok, 30 Mei 2018.

한국과 인도네시아어, 추천자 Eva Latifah, Ph.D
한국 문화 & 언어 학과 우이대학 학과장

세계화 시대는 이미 나라 간의 경계선을 지워버렸습니다. 개인 간의 관계 또한 장소나 시간에 방해받지 않습니다. 누구든지 언제 어디서나 다른 사람과 의사소통할 수 있습니다. 그러므로, 다른 언어를 가진 여러 민족과의 의사소통은 더 빈번해졌습니다. 그래서, 모국어 외에 다른 언어의 구사력에 대한 필요성은 피할 수 없는 하나의 일이 됐습니다.

한국과 인도네시아의 관계 속에서, 당연히 두 언어의 극복은 그 연결 도구가 됩니다. 한국에 있는 여러 대학에서 인도네시아어학과 개설은 이러한 현상의 신호가 됐습니다. 한국외대는 이미 1970년대부터 말레이-인도네시아어학과를 개설했습니다.

또한, 2017년 11월 9일 자카르타에서 개최된 한국-인도네시아 비즈니스 포럼 행사 때, 문재인 대통령께서는 두 나라 협력을 강화하도록 주문하였습니다. 그 연설에서, 그분은 1973년부터 외교 관계가 이루어졌지만, 한국과 인도네시아의 상호 관계는 이미 623년 전부터 엮여 있다고 말씀하셨습니다. 조선 왕조와 마자파힛 왕조의 친교는 한국 역사 서적에 기록되어 있습니다.

인도네시아에는, 한국어 교육을 개강한 교육 기관의 수가 점점 늘어나고 있습니다. 인도네시아에 투자하는 한국 회사의 수 또한 점점 늘어나고 있습니다. 코트라 통계는 2017년 말까지 인도네시아에 있는 한국 회사의 수는 이미 2,200개에 달한다고 언급하고 있습니다.

안타깝게도 인도네시아어를 구사하는 한국인의 수와 한국어를 구사하는 인도네시아인의 수는 아직도 충분하지 않습니다. 그러므로, 한국어와 인도네시아어 교육 및 교육 책자는 여전히 많이 필요합니다. 그러한 동기로 인해, 이 책은 만들어졌습니다.

이 책은 인도네시아어를 배우는 사람을 위한 인도네시아어책입니다. 이 책은 3가지 시리즈로 구성되어 있습니다. 각각의 시리즈는 가장 쉬운 것부터 더 어려운 것까지 정리된 여러 가지 문법과 대화로 구성되어 있습니다. 그러므로, 이 책은 여러 계층의 사람들, 즉, 선생님, 교수님, 대학생, 학생 또는 일반 계층의 사람들이 볼 수 있습니다.

이 책은 진심으로 인도네시아어를 공부하려는 분들에게 해답이 될 수 있습니다. 예시 문장들은 이 책의 저자가 인도네시아에 거주하는 동안 저자의 기록을 기초로 만들어졌습니다. 이 책의 장점은 여러 상황별 예문이 많이 들어있다는 것입니다. 이것은 동시에 이전의 인도네시아어

책들과 차별화하고 있습니다.

또한 이 책은 인도네시아어를 공부하려는 사람에게 대안의 책이 됩니다. 왜냐하면 책 속에 있는 대화 내용을 자발적으로 분석 검토하기 위해 인도네시아 대학생을 참여시키면서 개발했기 때문입니다. 이 책 속에 있는 대화와 문장들의 예가 너무 많다는 것을 알 수 있습니다. 그럼에도 불구하고, 언어적 상황을 최대한으로 표현하려는 필자의 열정은 좋은 평가를 받을 필요가 있습니다.

이 인도네시아어책은 인도네시아에 대한 한국인의 연구가 기초가 되어 만들어졌습니다. 그래서, 이 책에서 제시된 언어적 상황은 인도네시아에 사는 한국인의 삶과 가까운 언어적 상황입니다. 이것은 인도네시아에서 살고 싶어 하는 한국인에게 도움을 줄 것입니다.

한 가지 더 말하자면, 이 책은 그림이나 삽화가 포함되지 않았습니다. 삽화나 그림이 없는 것은 이 책의 단점이 될 수 있습니다. 흥미롭지 않은 학습과정을 제외하고, 삽화가 없는 것은 언어를 가르치거나 배우는 과정에서 많은 도움이 되는 상상력과 시각화를 제한합니다. 사실, 시각적인 그림이 없는 것은 이 책 저자가 의도적으로 한 것입니다. 여기에서 저는 언어 책을 평가할 때 한국인과 인도네시아인의 보는 관점이 약간 다르다는 것을 보았습니다. 인도네시아 학습자는 그림이 있는 것을 중요하게 바라봅니다만, 한국 학습자는 (적어도 이 저자의 생각은) 책의 내용을 더 중요시하는 것 같습니다.

마지막 결론으로, 저는 이 책의 출판을 정말 환영합니다. 모든 장단점과 더불어, 인도네시아어에 관심이 있는 사람이 저술한 인도네시아어책은 한국 학습자들에게 대안이 될 수 있습니다. 당연히, 이 책의 좋고 나쁨은 이 책을 보는 학습자들이 직접 확인할 수 있습니다. 열심히 공부하시고 인도네시아의 광활함을 깊이 연구하시길 바랍니다.

늘 따뜻한 기후 속에서 따뜻한 안부 전해드립니다,

2018년 5월 30일, 데뽁에서

§ 축사 §

지난 십 년간 수많은 학생에게 인도네시아어를 가르쳐 오면서 많은 보람을 느껴 왔습니다. 이번에 제자 중 한 명이 부 저자로 참여하게 된 인도네시아어 회화책의 출판에 기쁜 마음으로 축하의 말을 건넵니다. 이 책이 인도네시아의 문화와 산업 등 각 분야에 관심이 있거나 관련된 일을 하실 분들에게 큰 도움이 되었으면 좋겠습니다.

한국외국어대학교 말레이·인도네시아어 통번역학과 교수 송승원

Bab 1.
인도네시아어 기초 다지기

인도네시아어 알파벳

인도네시아어는 철자가 영어의 알파벳과 같고 발음만 조금 다르니 잘 익히시고 철저히 연습하십시오. 중요합니다. 대부분 쉽게 생각하고 일반 책에서도 대충 다루고 있으니 주의하여 공부하십시오.

알파벳부터 현지인의 발음을 잘 들으시고 정확하게 익히십시오.
Narator, Pembaca : Andri dan Chica dari Universitas Pacasila, Guna darma jurusan hukum.

❖ 알파벳, huruf, (abjad)
후룹   압잣

A a 아	B b 베	C c 쩨	D d 데
E e 에	F f 에프	G g 게	H h 하
I i 이	J j 제	K k 까	L l 엘
M m 엠	N n 엔	O o 오	P p 뻬
Q q 끼	R r 에르	S s 에스	T t 떼
U u 우	V v 붸	W w 웨	X x 엑스
Y y 예	Z z 젯		

인도네시아어는 자음 21자, 모음 5자. 총 26자로 구성되어 있습니다.

❖ 단 모음 (vokal tunggal)

(모음은 vokal이라 하고, 자음은 konsonan이라고 합니다.)
보-깔   꼰-소난

인도네시아 단 모음은 a, e, i, o, u 5자가 있습니다.

| a | 아 | aku 아-꾸 나 | ayah 아-야- 아버지 |

| e | 에, 으 | méja 메-자 책상 | pergi 쁘-르기 가다 |

(에) 발음과 (으) 발음이 있습니다. 인도네시아어는 (어) 발음이 없고 (으) 발음으로 발음하니 주의하세요. (e) 위에 ′ 표시는 (에)로 발음합니다. 그 외에는 (으)로 발음하세요.

| i | 이 | ini 이-니 이것 | menari 므-나리 춤추다 |

| o | 오 | sopan 소-빤 겸손한 | orang 오-랑 사람 |

| u | 우 | uang 우-앙 돈 | susu 수-수 우유 |

❖ 이중 모음 (vokal ganda)

| ai | 아이, 애 | pakai 빠-까이 사용하다
capai 짜-빼 피곤한 | selesai 슬-르사이 끝내다 |

대부분 (아이)로 많이 발음하니 참고하세요.

| au | 아우, 오 | pulau 뿔-라우 섬 | kalau 깔-라우 만일 ~라면 |

(오) 발음도 있지만 대부분 (아우)로 많이 발음합니다.

| oi | 오이 | égois 에-고이스 이기적인 | koin 꼬-인 동전 |

모든 발음은 사전을 잘 참고하시고 의심나면 현지인이나 선생님께 질문하세요.

❖ 자음 (konsonan)

b

(ㅂ)으로 발음 **단어 끝에선 (ㅂ) 받침으로 발음합니다.**
(ㅂ) 발음은 입술을 모으고 조금 쉬는 듯한 느낌으로 발음하세요.
유의하여 들으시고 잘 따라하세요.

bahasa 바-하-사 언어　sebab 스-밥 이유

c

(ㅉ)으로 발음　　　　candi 짠-디 절　　　cuaca 쭈-아짜 기후

d

(ㄷ)으로 발음. 혀를 모두 입천장에 붙이는 느낌으로 발음하세요.
잘 들으세요. 중요합니다. **단어 끝에선 ㅅ 혹은 ㄷ 받침으로** 처리합니다.

duta 두-따 대사　　　murid 무-릿 학생　　　masjid 마스짇 이슬람사원

f

영어의 f로 발음하세요.

hafal 하-팔 외우다　　maaf 마-아프 미안

g

(ㄱ)으로 발음. 한글과 조금 다르니 잘 따라 읽으세요.
조금 무거운 느낌으로 ㄱ으로 발음합니다.

geréja 그레자 교회　　ganti 간-띠 바꾸다　　gaji 가-지 봉급

h

(ㅎ)으로 발음. **단어의 처음과 같은 모음** 사이에 있을 때는 ㅎ으로 발음되고 **다른 모음**
사이에선 보통 묵음이 됩니다. 그러나 **묵음**이 되더라도 ㅎ을 발음하는 것처럼,
조금 여운이 남는 것처럼 발음합니다.
단어의 끝에 올 때도 ㅎ을 발음하는 것처럼 **묵음** 합니다. 단어를 예로 잘 들어 보세요.
정말 중요합니다.

hakim 하-낌 판사　　　harga 하르가 가격 : **단어 처음에 올 때**
mahal 마-할 비싼　　　bahasa 바하사 언어 : **같은 모음 중간에 올 때**
pahit 빠-잇 (맛이) 쓴　　tahun 따-운 년 : **다른 모음 사이에 올 때**
Tuhan 뚜-한 **하느님** : 하나님은 위대하시니 예외이다
murah 무-라ㅎ 싼　　　bersih 브르시ㅎ- 깨끗한　　jumlah 줌-라-ㅎ 총계
단어 끝에 올 때, ㅎ이 있는 것처럼 발음하세요. 잘 들어 보세요.

tahu 따-후 두부   **tahu** 따-우 알다

두부와 알다 단어는 같은 단어이지만 발음이 다르다는 걸 알고 가세요.

| j |

(ス)으로 발음, 혀를 입 천정에다 붙이는 느낌으로, 조금 무거운 느낌. 단어를 잘 들어보세요, 중요해요.

gaji 가-지 봉급   janji 잔-지 약속   Jakarta 자까르따

| k |

(ㄲ)으로 발음되고, 단어 끝에선 ㄱ 받침으로 발음하지만 거의 묵음이 되는 느낌입니다.

kota 꼬-따 도시   handuk 한-둑 수건   batuk 바-뚝 기침:
kakak 까-깍ㄱ 형, 누나   **nénék** 네-네ㄱ 할머니   **kakék** 까-께ㄱ 할아버지

묵음이 되는 걸 알 수 있죠? 그러나 ㄱ 발음이 조금 남는 듯한 느낌이 있도록 하세요.

원어민의 발음을 유심히 들어보세요. 문장 끝에 올 때 마지막 k 발음은 거의 생략합니다. 발음할 때 빨리 목구멍을 닫으면서 발음해보세요.

kakak, nénék, kakék, bapak 단어는 **kak, nék, kék, pak**으로 줄여서 사용을 자주 합니다.

| l |

(ㄹ)로 발음   langit 랑-일 하늘   halal 할-랄 법에 합당한, 허가되는

halal : **이슬람 종교는** 음식이나 화장품, 의약품 등에 halal이라는
율법에 적법해야 합니다. 표시로 **halal** 표시를 의무화하고 있습니다.

| m |

(ㅁ)으로 발음   mandi 만-디 목욕하다   makan 마-깐 먹다

| n |

(ㄴ)으로 발음   nama 나-마 이름   nasi 나-시 밥

| p |

(ㅃ)으로 발음   pacar 빠-짜르 애인   pegawai 쁘가-와이 직원
                        cukup 쭈-꿉 충분한

단어 끝에서는 b 받침으로 발음합니다. 우리 한글처럼 발음하세요.

q (ㄲ)으로 발음 Quran 꾸-란 이슬람 성경 : Q 단어는 거의 사용치 않음

r (ㄹ) 영어의 **r**과 같이 발음하고 잘 들어 보세요.

libur 리-부르 휴가   rumah 루-마ㅎ 집   léhér 레-헤르 목

유심히 들으세요. **R** 발음은 동양인이 제일 어려운 발음입니다.

Ular melingkar lingkar di atas pagar.

울라르 믈링까르 링까르 디 아따스 빠가르

뱀이 울타리 위에 있는 둥근 것을 감고 있습니다.

r 발음 연습을 위하여 상기 문장을 연습해 보세요. 현지인들도 어릴 때 이 문장으로 연습합니다. 공부 시작 전 몇 번 정도 연습하세요.

s (ㅅ)으로 발음   sarang 사-랑 새 집   surat 수-랃 편지

manis 마니ㅅ (맛이) 달다

단어 끝에 오면 거의 묵음이 됩니다.

t (ㄸ)으로 발음합니다. 단어 끝에선 ㄷ 받침으로 발음됩니다.

taman 따-만 공원   tangan 땅-안 손   jumat 줌-앋 금요일

v 영어의 **f**와 비슷합니다. 잘 들으시고 발음해 보세요.

visa 비-사 비자   dévisa 데-비사 외환

w 영어의 **w**로 발음하세요.

wangi 왕-이 향기   sawi 사-위 배추   wortel 워르텔 당근

W 뒤에 오는 모음에 따라 **와, 위, 오**로 발음 되는걸 주의 하세요.

X (엑스) Fax 팩스   거의 사용하지 않으니 혹시 이런 단어가 나오면 그냥 외우세요.

y	예와 야의 중간 발음으로 발음합니다.

yakin 야-낀 확실한　　**ka**yu 까-유 나무　　**yo**ghurt 요구르뜨 야쿠르트

y 뒤에 오는 모음에 따라 **야, 유, 요**로 발음합니다.

z	(ㅈ)으로 발음합니다.

gi**z**i 가-지 양분　　　　　　**z**at 잣 성분　　　**iz**in 이-진 허가

❖ 이중 자음 (konsonan ganda)

이중 자음은 kh, ng, ny, sy, nk 등이 있습니다.

Kh	ㅋ와 ㅎ의 중간 발음이나 k가 묵음이 되는 경우가 많습니다. ㅎ에 가깝습니다.

a**kh**ir 아-히르 마지막　　**kh**asiat 하-시앗 특성, 특질

khawatir 하-와-띠르 걱정하다　　　　**kh**usus 후-수스 특별한

ng	(응)으로 발음합니다.

ngomo**ng** 응- 오몽 얘기하다　　　　aba**ng** 아-방 형 .누나

ny	**ny**amuk 냐-묵 모기　　**ny**anyi 냐-늬 노래　　**ny**onya 뇨냐 부인, 여사

ny 뒤에 오는 모음에 따라서 **냐, 뇨, 뉴, 늬**로 발음합니다.

sy	**sy**arat 샤-랏 조건　　**ma**sya**rakat** 마-샤라깟 사회, 사회생활, 주민

syukur 슈-꾸르 신에게 감사드리다

sy 뒤에 오는 모음에 따라 **샤, 쇼, 슈**로 발음

nk	(응)으로 발음합니다.　　sa**nk**si 상-시 처벌　　ba**nk** 방 은행

상기 발음은 이 두 단어가 전부인 것으로 알고 있습니다.

위 내용은 최소한의 기본이니 충실히 익히십시오.

02 공부하기 전 주의사항

1) 인도네시아어 억양은 **의문문은 끝을 올려서** 읽고 평서문은 **끝을 내려 읽습니다.**

Apakah kamu pergi ke Jakrta bésok?　　　　당신은 내일 자카르타로 가십니까?
아빠까 까무 쁘르기 끄 자카르타 베속

Ya, saya pergi ke Jakarta.　　　　네, 저는 내일 자카르타로 갑니다.
야 사야 쁘르기 끄 자까르따

Apakah 는 **Apa** 로 회화 시 가끔 사용합니다.
apa 단어는 무엇이란 뜻으로 많이 사용하니 잘 구분하세요. 가능하면 apakah로 사용합시다.

2) 단어 속에서 강세는 대부분 뒤에서 **두 번째 모음에 악센트가 있습니다.** 그러나 너무 신경 쓰지 마세요. 자동으로 됩니다. 그리고 강세가 강하지 않아 강세가 없는 것처럼 들릴 수도 있습니다. 강세를 잘 해야 발음이 부드럽습니다. 주의하세요.

2음절 문장은 첫 모음 음절에 악센트가 있습니다.

méja, teman, makan, paman　　　　2 음절 문장
메-자 뜨-만 마-깐 빠-만

3음절 이상의 문장은 뒤에서 **두 번째** 모음 음절에 악센트가 있습니다.
sekarang, menyelesaikan, kesempatan　　　　3 음절 이상 문장
스까랑　　　므녤르-사이깐　　　끄슴-빠딴

3) 인도네시아어는 영어의 알파벳을 사용하였으니 공부하기에 어느 정도 쉽습니다. 자음 21개, 모음 5개로 구성되어 있습니다.

4) 1권은 문법과 단 문장으로 구성되었고 2, 3권은 장 문장, 단 문장, 일상회화, 사건, 강조와 **단 문장, 동화, 일상 회화, 사건, 사고문장, 일반상식, 뉴스, 단어 공부하기, 심층 공부** 등이 수록되어 있습니다. 그리고 반복되는 단어와 문장이 많이 수록되어 있으니 무조건 외우려 하지 마시고 편하게 읽어 나가시고 책을 끝까지 먼저 읽으세요. 문장의 물량이 너무 많아서 외울 수도 없습니다. 두 번 정도 읽으시면 감도 오고 자동적으로 외워질 수 있을 것입니다. 무조건 많이 읽으세요. 회화의 기본입니다. 소설을 읽듯이 책을 끝까지 읽으세요.

5) 중요한 단어나 의심나는 단어는 필히 사전을 찾아보세요.

6) 문법을 잘 알면 회화나 문장을 읽을 때 이해하기가 훨씬 쉬우니 문법도 잘 공부하세요

7) 영어나 인니어는 **R** 발음이 상당히 어렵습니다. **R** 발음을 연습하기 위하여 현지인들이 어릴 때부터 훈련시키는 아래 문장을 하루에 20번 정도 읽어보세요. 도움이 많이 됩니다. 인도네시아에서도 아이들을 아래 문장으로 훈련을 시킵니다.

Ular melingkar lingkar di atas pagar.　　　　뱀이 울타리 위에서 몸을 둘둘 감고 있다.

울라르 믈링까르 링까르 디 아따스 빠가르

8) 이 책 안에는 여러분이 **궁금하거나 의문나는 문장, 알고 싶은 문장, 말하고 싶은 문장, 질문하고 싶은 문장이** 다 들어 있습니다. **이 책의 2, 3권에는 부록으로 관광 통역안내사 인터뷰 예상문제 번역본을 실었습니다.**

9) 이 교재는 우이대학교 어학당에서 1년 과정으로 외국인에게 가르치는 수준입니다. 물량은 2배 정도 됩니다. 이 책을 3권까지 마스터하면 취직은 물론 사업도 할 수 있습니다.

10) 이 교재를 공부하려면 지겨울 것입니다. 왜냐하면 조금의 틈도 없이 문장, 단어가 너무 많으니 말입니다. 지겹더라도 꾸준히 반복해서 읽는 습관을 들이시면 어느 순간 실력이 늘고 있다는 것을 느끼실 것입니다.

11) **기본 회화만 원하시면 1권만 공부하셔도 거의 완벽합니다.**

12) 본문 내용이나 철자의 틀린 점이 있을 수 있으니 이 점은 이해해 주시고 이 책이 여러분의 회화 실력에 도움이 되기를 바랍니다.

13) 모든 회화는 동화나 문장 속에 다 들어 있으니 문장을 읽으실 때 유심히 살펴보시고 말하실 때 잘 활용하세요.

14) 녹음 파일은 다양한 연령층의 목소리를 담기 위해 80여 명의 현지인과 즉석에서 녹음을 한 관계로 다소 소음이나 잘못 읽는 것도 있을 수 있지만, 현장감을 높이기 위함이니 여러분의 많은 양해를 부탁드립니다. 그리고 1권에서는 학습자의 듣기 향상을 위하여 "문자의 어순" 파트부터 속도가 느린 녹음파일과 빠른 파일을 업로드 하였습니다. 먼저 느린 파일을 듣고 다시 빠른 파일을 듣는 것을 추천드립니다.

▶ 1권 정도만 잘 숙지하시면 인도네시아에서 생활하시는데 문제가 없을 것입니다.

03 자연히 알아지는 일상회화 (녹음) 🔊))

Narator, pembaca : Ressi dari Universitas Indonesia jurusan komunikasi.

❖ 아침 인사 및 만날 때 인사

A : Selamat pagi.
    슬라맛 빠기
                                안녕하세요.

B : Apa kabar?
    아빠 까바르
                                  잘 지내세요? 소식이 어떠세요?

A : Kabar baik, apa kabar?
    까바르 바익   아빠 까바르
                                  잘 지냅니다, 잘 지내셨어요?

B : Baik baik saja.
    바익 바익 사자
                                  잘 지냅니다.

A : Selamat pagi!
    슬라맛 빠기
                                  안녕하세요! (아침 인사)

B : Aku baik baik!
    아꾸 바익 바익
                                  전 잘 있죠! (잘 있어요.)

A : Bagaimana kabarmu?
    바가이마나 까바르무
                                  당신은 어때요? 어떻게 지내셨어요?

A : Bagaimana kabar ayahmu?
    바가이마나 까바르 아야무
                                  당신 아버지는 어떻게 지내세요?

 아는 사람끼리 만났을 때 안부를 묻는 표현으로써 사용합니다.

❖ 시간대별 인사

Selamat pagi.
슬라맛 빠기

아침 인사. (안녕하세요) 아침 10시까지 정도

Selamat siang.
슬라맛 시앙

점심 인사. (안녕하세요) 10시-4시 정도

Selamat soré.
슬라맛 소레

오후 인사. (안녕하세요) 4시-6시 정도

Selamat petang.
슬라맛 쁘-땅

어둡기 전 인사. (안녕하세요)

(selamat soré와 거의 같은 시간대임. 뉴스에 가끔 사용)

Selamat malam.
슬라맛 말-람

저녁 인사 (해가 져서 어두워 지기 시작 때부터)

 인도네시아어는 영어처럼 아침, 점심, 오후, 밤 인사가 있으니 참고하세요.
이 인사법은 헤어질 때나 만날 때 같이 사용해도 됩니다.

pagi, siang, soré, malam, 인사할 때 selamat 을 생략하여 사용해도 무방합니다.
빠기   시앙   소레   말람

 아래 문장처럼 헤어질 때 아래와 같이 인사를 하기도 합니다.

Minta maaf, saya duluan Pak.
민-따 마앞   사-야 둘-루안 빡

죄송하지만, 저 먼저 갈게요.

Selamat malam Pak.
슬라맛 말-람 빡

안녕히 계세요. (안녕히 주무세요)

Selamat 단어는 **안녕, 축하 표시, 평안, 안전**의 뜻을 갖고 있습니다.

Selamat ulang tahun.
슬라맛 울-랑 따-운

생일 축하합니다.

Selamat!
슬라맛

축하해! (한 단어로도 많이 사용함)

Selamat jalan!　잘 가세요! 조심히 가세요!　여행, 출장 등 장기간 헤어질 때 표현함
슬라맛 잘-란

Selamat tinggal!　잘 계세요!　여행, 출장 등 장기간 헤어질 때 표현함
슬라맛 띵-갈

Dadah!　잘가!　보통 헤어질 때 자주 사용함, 특히 친한 친구에게
다다흐

❖ 처음 만난 사람과의 인사

Saya senang **bertemu** dengan Anda.　저는 당신을 **만나서** 반갑습니다.
사야　스낭　브르뜨무 등안 안다

Saya senang **berkenalan** dengan Anda.　저는 당신을 **알게 되어** 기쁩니다.
사야 스낭 브르끄날란 등안 안다

❖ 오랜만에 친구를 만났을 때

Sudah lama kita **tidak bertemu**.　오래간만이네. (오랫동안 우리 못 만났네요.)
수다 라마 끼따 띠닥 브르뜨무

Sudah lama kita **tidak ketemu**.　오랜만이네. (우리 오랫동안 **만나지 못했네요.**)
수다 라마 끼따 띠닥 끄뜨무

bertemu, ketemu, berjumpa, jumpa ~ 를 만나다. 네 단어 모두 사용할 수 있습니다.
브르뜨무　끄뜨무　브르줌빠　줌빠
bertemu, berjumpa 공손한 표현　**ketemu** 반말하는 표현

❖ 헤어질 때 인사

Sampai jumpa lagi! Sampai bertemu lagi! Sampai ketemu lagi!
삼-빠이 줌빠 라기　삼-빠이　브르뜨무　라기 삼-빠이　끄뜨무　라기

다음에 또 봅시다! 다시 만날 때까지!

Sampai nanti. 나중에 보자.　Sampai bésok. 내일 보자.
삼빠이 난띠　삼빠이 베속

Dadah!   안녕! (보통 친구와 헤어질 때)
다다

Saya pulang duluan ya.   Saya duluan.   저 먼저 갑니다.
사야 뿔랑 둘루안 야   사야 둘 루안

Maaf ya, saya pergi duluan.   Aku duluan ya.   저 먼저 실례하겠습니다.
마아프 야 사야 쁘르기 둘루안   아꾸 둘루안 야

약속 등 먼저 가야 할 경우, 이 표현을 꼭 사용합니다. 물론 뒤에 이유를 붙이면 더 좋겠죠?

뒤에 이런 문장 많이 나오니 그때 익히세요.

 sampai 단어는 도착하다, ~까지라는 두 가지 뜻이 있으니 잘 기억하세요.

|단어 공부|

selamat	안녕, 축하
pagi	아침
apa	무엇
kabar	소식
baik	좋은
jalan	길
bagaimana	어떠한
mu	**kamu**의 약자 (나중에 설명) 당신, 너
bekerja	일하다
selalu	항상
sama	함께
ayah	아버지
ayahmu	**ayah kamu** 너의 아버지
hati	마음, 간
nanti	나중에
sedang	~하고 있는 중

❖ 간단한 대화 문장 공부

A : Apa kabar ?
아빠 까바르

안녕하세요?

B : Saya baik.
사야 바익.

저 잘 있어요.

A : Kamu sedang (lagi) apa?
까무 스당 아빠-

뭐 하고 있나요?

B : Aku sedang bekerja,
아꾸 스당 브끄르자.

저는 지금 근무 중이에요,

　　kamu mau ke mana?
　　까무 마우 끄 마나

당신은 어디 가십니까?

A : Saya **pergi** ke kantor di Jakarta.
사야 쁘르기 끄 깐또르 디 자까르따

저는 자카르타에 있는 사무실에 **가요.**

　　(Saya **mau** ke kantor di Jakarta)

(**mau** 를 사용하면 **pergi** 생략할 수 있습니다.)

B : Oh, gitu. **Hati-hati di jalan.**
오, 기뚜.　　하띠 하띠 디 잘란.

오, 그래요. **조심히 가세요.**

A : Sampai **jumpa** nanti ya.
삼빠이 줌-빠 난-띠 야

나중에 **봅시다.**

B : Ya. Sampai **bertemu lagi.**
야　삼빠이 브르뜨무 라기

네. 나중에 **또 만나요.**

❖ 손님이 방문했을 때 인사

A : Assalamualaikum?
아-쌀람 무알-라이꿈

안녕하세요? (이슬람식 인사)

B : Waalaikumsalam!
와-알 라이꿈- 살람

안녕하세요!

　　Silakan masuk. 들어오세요.
　　실라깐 마숙

Silakan duduk. 앉으세요.
실라깐 두둑

Assalamualaikum! Waalaikum salam!
아쌀라 무알아이꿈!   와알라이꿈 쌀람!

안녕하세요! **원뜻은 '우리 서로 평화를 사랑합시다'입니다.** 이 말은 인도네시아인이 듣기 매우 좋아하고 아랍권의 사람들도 즐겨 사용합니다. 왜냐하면 사우디아라비아 말이니까요. 특히 외국인이 쓰면 매우 기뻐합니다. 왜냐하면 외국인이 잘 쓰지 않기 때문이지요.

만날 때 인사로도 사용하지만 남의 집이나 사무실 방문 시 노크할 때 방문객이 Assalamualaikum 하면 주인은 Waalaikumsalam이라고 합니다. 관청 방문 시 사용하면 친근감을 주면서 일 처리가 잘 될 수도 있겠죠?

 현지인 집을 방문했을 때 꼭 사용해 보세요. 현지인이 당신을 다시 볼 것입니다. 너무 좋아하죠. 왜냐하면 외국인은 잘 안 쓰니까요. 좋은 인사 방법입니다.

❖ 감사의 인사

Terima kasih!   감사합니다!
뜨리마 까시

Terima kasih kembali! (kembali)   천만에요! (Kembali 만으로도 사용 가능)
뜨리마 까시 끔발리

Sama sama!   천만에요!
사마 사마

 terima ~을 받다   **kasih** 사랑, 애정, ~을 주다
(사랑을 주거나, 받는다는 뜻이죠? 그래서 감사하죠?)
kembali ~을 돌려주다
(무엇을 받았으니 당연히 돌려 줘야죠? 그래서 천만에요, 아니에요 뜻으로 말합니다.)
sama sama
sama 는 같다 의 뜻을 갖고 있죠. 그래서 **sama sama** 를 반복 사용하여 저도 마찬가지에요 라는 뜻으로 천만에요 라고 합니다)

다시 한번 말씀드리지만, 너무 외우려고 고민 마시고 읽고 넘어가세요. 뒤에 같은 단어와 문장이 계속 나오니 소설 읽듯이 넘어가세요.
책 전체를 끝까지 읽어 보시는 게 제일 중요하고 말을 잘하는 비결입니다. 꼭 명심하세요. 파이팅!

 우이대학 어학당에서는 상기와 같은 문장은 취급도 안 합니다. 그리고 문장 밑에 읽는 표시도 없습니다. 이 책에서는 어느 정도까지 읽는 표기를 해주고 있습니다. 나중에는 혼자서 읽는 연습을 하세요. 몇 번 연습하다 보면 금방 익힐 수 있으실 것입니다.

❖ 축하의 인사

Selamat!
슬라맛
축하해요!

Selamat menempuh hidup baru!
슬라맛 므늠뿌 히-둡 바루
결혼 축하합니다!

Saya berharap **Anda berdua** hidup
사야 브르-하랍 안다 브르두아 히둡
나는 **당신들 두 사람이** 행복하게

bahagia.
바하기아
살기를 바라.

Semoga berbahagia.
스모가 브르-바하기아
행복하시기를 빕니다.

Selamat ulang tahun!
슬라맛 울랑 따운
생일 축하합니다!

Selamat mendapat pekerjaan!
슬라맛 믄-다빳 쁘끄르자-안
취업을 축하합니다!

Selamat **lulus ujian!**
슬라맛 룰루스 우지안
시험 합격을 축하합니다!

Terima kasih.
뜨리마 까시
고마워요.

Aku pikir **aku sangat beruntung.**
아꾸 삐끼르 아꾸 상앗 브르운뚱
나는 **운이 매우 좋았다고** 생각해.

Aku berharap **semua hal berjalan dengan baik.** 나는 모든 일이 잘 되기를 바라.
아꾸 브르하랍 스무아 할 브르잘란 등안 바익

Semoga **semua hal berjalan lancar.**
스모가 스무아 할 브르잘란 란짜르
모든 일이 잘 되기를 바라.

 | berjalan lancar, berjalan dengan baik, dengan lancar : 같은 뜻임

Selamat ya, katanya, istri Anda sedang hamil! 축하해요, 당신 아내 분이 임신했다면서요!
슬라맛 야,   까따냐   이스뜨리 안다 스당 하-밀

Kamu pasti senang banget ya.
까무 빠스띠 스낭 방웃 야

당신 정말 기쁘겠네요.

 Anda 단어에서 **A** 는 대문자로 씁니다.

Aku dengar. katanya.
아꾸 등아르   까따냐

내가 듣기로. 내가 알기로.

Mari kita merayakan kesuksésan teman!
마리 끼따 므라야-깐 끄숙세산 뜨-만

우리 친구의 성공을 축하해주자!

Selamat **naik pangkat!**
슬라맛 나익 빵-깟

승진을 축하합니다!

pangkat, tingkatan 계급의 등급
빵 깟 띵깟딴

kedudukan, jabatan 계급의 위치
끄두둑깐 자밧딴

keberhasilan 성공, 소득
끄브르하실란

préstasi 성취, 성과, 성공
쁘레스따시

A : Semangat! 힘내라!   Semoga suksés! **(Suksés ya!)** 성공하길 빈다!
스망앗   스모가 숙세스   숙세스 야

B : Kamu juga ya. Semoga Tuhan memberkati kamu! 너도. 신께서 축복하기를!
까무 주가 야   스모가 뚜-한 믐브르-까띠 까무

memberkati 축복을 내리다
믐브르까띠

Selamat liburan 휴가 잘 보내세요
슬라맛 리부란

Selamat jalan 잘가라
슬라맛 잘란

Selamat belajar 공부 열심히 하세요
슬라맛 블라자르

Selamat bekerja 일 열심히 하세요
슬라맛 브끄르자

Selamat jalan-jalan 구경 잘 하세요
슬라맛 잘란-잘란

menempuh 뜻은 어려운 여정에 들어 가다라는 뜻이 있는데 결혼하면 고생 길에 접어든다는 뜻이 겠죠.

❖ 담배나 라이터를 빌릴 때

Permisi!   실례합니다!

쁘르미시

Minta korék. 라이터 좀 빌리죠.   Minta rokok. 담배 좀 하나주세요..

민따 꼬렉.   민따 록꼭

 사소한 물건 달라고 할 때 꼭 minta (부탁하다) 를 사용하세요. 갚지 않는 것 등
돈을 빌릴 때처럼 갚아야 하거나 돌려 주어야 하는 것은 pinjam (빌리다) 을 사용합니다.
담배, 성냥을 부탁할 때 pinjam 을 사용하면 부적절합니다.

|단어 공부|

kantor	사무실, 회사
sampai	~까지, 도착하다
hati hati	조심하다
gitu, begitu	그래요, 그렇게
bermain	놀다
jumpa, bertemu, ketemu	만나다
tahu	알다
menempuh	들어가다
silakan	아무쪼록 ~하세요
duduk	앉다
masuk	들어오다
minta	부탁하다
korék	성냥, 라이터
rokok	담배
duluan, dulu, dahulu	먼저
pulang	돌아가다
berasal	~출신이다, ~에서 오다
ceburin, ceburkan	빠뜨리다
terlalu	너무~한, 과한
aja, saja	그냥~해, 또한, ~뿐
besarin, besarkan	키우다, 크게 하다
mari	자 ~합시다

제대로 배우는 인도네시아어 회화 1

❖ 뭘 할 것인지 물어볼 때

Ngapain bésok?
응 아빠인 베속

내일 **뭐 하니?**

Melakukan apa hari Minggu?
믈라꾸깐 아빠 하리 밍구

일요일에 **뭐 할 거야?**

Kamu **melakukan apa** di malam Minggu?
까무 믈라꾸깐 아빠 디 말람 밍구

너 토요일 밤 **뭐 할 거야?**

Kamu mau **ngapain** liburan nanti?
까무 마우 응아빠인 리부란 난띠

너 이번 휴가 때 **뭐 할 거야?**

Ngapain akhir pekan?
응아빠인 아히르 쁘깐

주말에 뭐 할 거니?

Sabtu malam, malam Minggu
Minggu malam, malam Senin

토요일 밤
일요일 밤

Ngapain? **뭐 하니** 표현은 젊은이들이 많이 쓰니 친한 친구에게 사용하세요.
Melakukan apa? 와 같은 뜻이니 둘 다 알아 놓으시고 사용하세요.

 상기 표현 잘 외우세요. 정말 중요합니다.
참고로 인도네시아어는 영어와 같이 존대어가 없으니 상황에 맞추어 해석하세요.

❖ 어디서 왔냐, 어디 있니 물어볼 때

Dari mana?
다리 마나

어디서 왔어요? (일반적인 장소를 표현)

 위 표현은 지금 어느 쪽, 어디에서 왔느냐를 물을 때 사용합니다. 잘 사용하세요.

Kamu berasal dari mana?
까무 브라살 다리 마나

당신 어디서 **오셨어요?** (어느 지역, 어느 나라를 표현)

Berasal dari mana?
브라살 다리 마나

어디서 **오셨어요?** (어느 지역, 어느 나라를 표현)

위 표현은 어느 나라, 어느 출신 지역에서 왔냐를 물을 때 주로 사용합니다.

A : Ke mana? Kamu pergi ke mana? Mau ke mana?　　너 어디로 가느냐?
　　 끄 마나　　까무 쁘르기 끄 마나　　마우 끄 마나

B : Ke sana.　Ke pasar.　Ke kantor.　　　　　　저기. 시장에. 사무실에.
　　 끄 사나　 끄 빠사르 끄 깐또르

A : Di mana? kamu di mana?　　　　　　　　　　너 어디에 있니?
　　 디 마나　　까무 디 마나

B : Aku di kamar.　　　　　　　　　　　　　　　나는 방에 있어.
　　 아꾸 디 까마르

 ke, di, dari 등 방향, 위치 전치사는 정말 중요하겠죠?

❖ 명절 인사

Selamat tahun baru!　　　　　　　　　　새해 복 많이 받으세요!
슬라맛 따운 바루

Selamat Hari Natal!　　　　　　　　　　메리 크리스마스!
슬라맛 하리 나딸

Selamat Hari Raya!　　　　　　　　　　명절 잘 보내세요!
슬라맛 하리 라야

Semoga semuanya berjalan lancar tahun baru ini. 아무쪼록 새해에는 모든 것이
스모가 스무아냐 브르잘란 란-짜르 따운 바루 이니　　순조롭기를 바랍니다.

Mudah-mudahan tahun ini séhat selalu.　　아무튼 올해는 항상 건강하기를 바랍니다.
무다ㅎ 무다한 따운 이니 세핫 슬랄루

❖ 목욕 인사

A : Sudah mandi?　　　　　　　　　　　　　　목욕했어?
　　수다 만디

B : Sudah.　　　　　　　　　　　　　　　　　했어.
　　수다

　　belum.　　　　　　　　　　　　　　　　아직 안 했어.
　　블룸

 인도네시아인들은 목욕했냐라고 물어보는 것도 일종의 인사에 속합니다. 더운 날씨 때문에 보통 하루에 2번 이상 습관적으로 샤워를 합니다. 그래서 습관적으로 인사처럼 사용하는가 봅니다. 이상하게 생각하지 마세요. 그들의 풍습이니까요.

❖ 수영장에서 장난칠 때

Ceburin aja. Ceburkan saja.　　　　　　　물에 빠뜨리자.
쯔부린 아자.　　　쯔부르깐 사자

수영장에서 친구들과 장난치면서 물에 빠뜨릴 때 많이 사용합니다.
aja, **saja** 같은 뜻으로 사용합니다.

Ceburkan은 menceburkan에서 명령문에서 men을 생략하고 사용합니다. kan은 실제 회화에서 **in**으로 바꾸어서 많이 사용합니다. 접미사 **kan**이 붙을 경우 거의 대부분이 **in**으로 바꾸어 사용 할 수 있다는 뜻입니다. 일상 회화에서 많이 사용합니다.

 인도네시아에는 수영장이 많기 때문에 친구들과 수영장에서 자주 만나고 이렇게 장난을 많이 합니다.

|단어 공부|

kecilin, kecilkan	줄이다
AC	**아쎄**로 발음, 에어컨
dingin	추운
panas	더운
kiri	왼쪽
kanan	오른쪽
ga, ngga, nggak	아니다, 아닌
ini	이것
makan	먹다
boléh	해도 좋다
bantu	돕다
aduh	아, 감탄사임
maaf	미안
bisa	할 수 있다
senang	기쁜
dengan	~와 함께
besi	쇠, 철
méja	책상
tahun	년, 해
baru	새로운, 바로
hari	날
raya	위대한, 큰
ibu	엄마
kota	도시

❖ 택시에서 덥거나 추울 때

Tolong besarin aja ACnya.   에어컨 좀 크게 틀어 주세요..
똘롱 브사린 아자 아쎄냐

Tolong besarkan saja.
똘롱 브사르깐 사자

Terlalu panas pak, **besarin** saja ACnya. 아저씨 너무 더워요, 에어컨 좀 크게 틀어 주세요
뜨르랄루 빠나스 빡   브사린 사자 아쎄냐

Tolong kecilin aja ACnya. **Tolong kecilkan** saja.   에어컨 좀 작게 틀어 주세요.
똘롱 *끄찔* 아자 아쎄냐   똘롱 *끄찔깐* 사자

Terlalu dingin pak.   아저씨 너무 춥네요.
뜨르랄루 딩인 빡

택시나 버스 탔을 때 유용하게 사용합니다. 꼭 기억하세요.

❖ 버스나 택시 세울 때

Kiri, pak!　　Di sini, pak!   아저씨 여기 내려 주세요!
끼리 빡　　　 디 시니 빡

택시나 버스를 내릴 때 사용하세요. **Tolong berhenti di sini**가 정상 문장이지만 많이 사용하지 않습니다. 이렇게 사용해도 문제는 없으니 알아 두세요. 아무튼 머리 아프게 생각하지 마시고 위처럼 꼭 사용하세요. 결국 여기서 **tolong berhehti** 를 생략한 것이죠?

 공부하면서 처음부터 다 외우려고 하지 마세요. 그냥 쉽게 두세 번 읽고 넘어갑시다. 지겹잖아요. 다 읽고 다시 반복하여 읽도록 하세요. 외국어는 반복해서 읽는 겁니다. 필자는 처음 공부할 때 책을 구입하여 아무 생각 없이 20번 읽고 인도네시아 우이대학 어학당에 들어 갔죠.
20번 읽는데 2개월 걸렸지만 아무튼 빨리 몇 번씩 많이 읽으십시오. 많이 읽으니 그 책을 거의 외우게 되고 이해는 물론 현지인에게 물어보는 데는 지장 없었습니다. 다 알아 듣지는 못했지만 적응은 빨리 했습니다. 여러분에게도 이 같은 방법을 권해드립니다.

❖ 식사합시다

Mari makan. Ayo makan.   식사합시다. (같이 식사하자.)
마리 마깐　　아요 마깐

Silakan makan.   식사하세요.
실라깐 마깐.

Saya makan duluan.   제가 먼저 먹을게요.
사야 마깐 둘루안

 silakan이 표준어이지만 silahkan도 사용하기도 하니 알고 계세요.

❖ 취미를 물어볼 때

Apa kegemaran kamu? Apa hobi kamu?.
아빠 끄그마란 까무   아빠 호비 까무

내의 취미가 뭐니?

Kegemaran aku bermain golf.
끄그마란 아꾸 브르마인 골프

내 취미는 골프야.

Kamu tahu nggak tentang hobi aku?
까무 따우 응가 뜬땅 호비 아꾸

너는 내 취미에 대해 알아 몰라?

❖ 도움을 받았을 때

Terima kasih **atas bantuan Anda**.
뜨리마 까시 아따스 반뚜안 안다

도와주셔서 감사합니다.

Terima kasih **atas perhatianmu**.
뜨리마 까시 아따스 쁘르하띠안-무

당신의 관심에 대해서 감사합니다.

❖ 허가를 요할 때

A : **Boléh** saya merokok di sini?
볼레 사야 므로꼭 디 시니

여기서 담배 피워도 **됩니까?**

B : Tentu saja boléh! Tentu saja! Boléh!
뜬뚜 사자 볼레   뜬뚜 사자 볼레

당연히 되죠! 물론 되죠!

B : Tidak boléh. Dilarang merokok di sini.
띠닥 볼레   딜라랑 므로꼭 디 시니

안돼요. 여기선 금연이에요.

❖ 용서를 구할 때

Maafkan aku.
미앞 깐 아꾸

나를 용서하세요.

Saya minta maaf.
사야 민-따 마-앞

죄송합니다. 미안합니다. 용서를 구합니다.

Mohon maaf.
모-혼 마-앞

미안해요. 용서를 구합니다.

Maaf!
마-앞

미안해!

Maafkan kesalahan saya.
마앞 깐 끄살라한 사야

제 잘못을 용서하세요.

Saya minta maaf **atas kesalahan saya**.
사야 민따 마앞 아따스 끄살라한 사야

저의 잘못에 대해 용서를 구합니다.

Maaf **atas kesalahan saya**.
마앞 아따스 끄살라한 사야

저의 잘못에 대해 죄송합니다.

Tidak apa-apa.
띠닥 아빠 아빠

괜찮아요.

❖ 초면 인사하기

A : Ayo kita **kenalan**.
아요 끼따 *끄날란*

우리 인사합시다. **우리 알고 지냅시다.**

(Mari kita **berkenalan**.)
마리 끼따 브르끄날란

(우리 인사합시다. 우리 알고 지냅시다.)

B : **Siapa nama** Anda?
시아빠 나마 안다

당신 **이름은** 무엇입니까?

A : **Nama saya** Kim.
나마 사야 김

제 **이름은** 김이에요.

B : **Umurmu** berapa?
우무르무 브라빠

당신 **나이는** 몇 살이에요?

A : **Usiaku** dua puluh empat tahun.
우무르꾸 두아 뿔루 음빳 따운

제 **나이는** 24 살이에요.

B : Kamu **berasal dari mana**?
까무 브라살 다리 마나

당신은 어디 출신이에요?

A : Saya dari Koréa.
사야 다리 꼬레아

전 한국에서 왔어요.

Tepatnya dari ibu kota Seoul.
뜨빳냐 다리 이부 꼬따 서울

정확히 말하면 수도 서울에서.

B : kamu sedang bekerja **atau** tidak?
까무 스당 브끄르자 아따우 띠닥

당신은 지금 근무하고 있나요 아닌가요?

A : Aku **sedang bekerja** di PT Posco
아꾸 스당 브끄르자 디 뻬떼 뽀스꼬

저는 지금 반뜬, 찔르곤에 있는

di Cilegon, Banten.
디 찔레곤 반뜬

포스코에서 **근무하고 있어요.**

B : **Berapa lama** kamu bekerja di sana?
브라빠 라마 까무 브끄르자 디 사나

거기서 **얼마나** 근무했어요?

A : **Hanya satu tahun saja.**
한야 사뚜 따훈 사자

고작 일 년 근무했을 뿐이에요.

B : **Oh begitu,**
오 브기뚜,

오 그래요,

Boléh tahu, **bidangnya apa?**
볼레 타우   비당냐 아빠

어떤 분야인지 알아도 될까요?

A : Boléh saja, **perusahaanku** membuat besi.
볼레 사자   쁘루사하안꾸 믐부앗 브시

물론이죠, **제 회사는** 철을 만들어요.

B : Oh gitu.
오 기뚜

그렇군요.

Aduh, aku lupa **ada janji.**
아두   아꾸 루빠 아다 잔지.

아이고, 내가 **약속 있는 걸** 잊었네요.

Aku duluan ya. Maaf ya.
아꾸 둘루안 야   마앞 야

저 **먼저 갈게요.** 미안해요.

A : Oh silakan.
오 실라깐.

그렇게 하세요.

Cepat pergilah **agar tidak terlambat.**
쯔빳 쁘르길라 아가르 띠닥 뜨르람밧.

빨리 가세요 **늦지 않도록.**

B : Sampai jumpa nanti.
삼빠이 줌빠 난띠

나중에 봅시다.

위 문장에서 **tepatnya** (정확히 말하면) 단어를 잘 기억하세요.
여기서 강조 부분은 단어는 단어로 외우시고 구문은 통째로 외우세요.
외우기가 더 쉬울 수도 있고 회화에 매우 도움됩니다.

|단어 공부|

melakukan	~을 처리하다, ~을 하다
ngapain	뭐 하고 있어?
membuat	만들다
tepatnya	정확히 말하면
barang	물건
hanya	오직
pergi	가다
sana	저기
PT(Perseroan Terbatas)	주식회사
agar	~하도록
cepat	빨리
letakkan, meletakkan 에서 me생략	무엇을 놓다
lama	오래
atas	위에
nama	이름
terlambat	늦은
berapa	얼마나
janji	약속
umur, usia	나이
menaruhkan, menaru	~을 놓아주다
berkenalan	교제하다, 통성명하다
lupa	잊다

상기까지의 문장 단어는 아주 기초이니 무조건 알아야겠죠?
지금부터 문법과 단 문장 잘 익히세요.

여기서 필자는 한 마디 드리겠습니다. 필자는 인도네시아 공부를 하기 위하여 서점에 있는 회화 책을 거의 다 구입 했습니다. 무려 13권이 넘게요. 그러나 다 읽어본 결과 내용은 너무 좋은데 문장이나 내용물이 조금 부족하다는 걸 느껴 책을 쓰기로 마음을 먹고 인도네시아에서 많은 책을 구입하여 공부했습니다. 무려 50권 정도의 책을 사서 공부했습니다. 그래서 이와 같은 시리즈 책을 편집하여 여러분께 제공하게 됐습니다. 비록 부족하고 조금 틀린 것도 있을 수 있지만 현지 대학생들과 모든 내용을 검수한 것이니 안심하시고 공부하셔도 됩니다. 이 책은 문법도 있지만 회화 문장과 이야기 내용도 많이 실었으니. 가능하시면 3권 모두 공부해보세요. 후회 없으실 것입니다.

이제 본 문장으로 갑니다. 이 책(1권)은 초등학교 1,2학년 수준의 문장입니다. 기초 없는 공부는 모래성과 같으니, 기초를 튼튼하게 다집시다. 파이팅 하세요!

04

문장의 어순 🔊

narator, pembaca : Ibu Desi, Febri — 동네 주민(35~71 페이지)

인도네시아어는 문장이나 단어는 **뒤에서 꾸며 줍니다.** 즉, **형용사가 뒤에서 명사를 꾸밉니다.** **명사나 대명사도** 뒤에서 앞 단어를 꾸며 주고, 문장도 뒤에서 해석하는 경우가 많습니다. **단, 숫자나 수를 표현하는 단어**, **전체**, **어떤 부분 등과** 관련된 단어는 앞에서 꾸며 줍니다. **소유격이나 목적격의 문장을** 만들 때 **명사 뒤에 인칭대명사를 붙입니다.** **타동사 뒤에는 항상 목적어가** 옵니다. 그리고 인도네시아어는 접두사, 접미사가 잘 발달하여 접두사, 접미사가 붙고 안 붙고에 따라 단어의 기능과 의미가 달라진다는 것을 잘 기억하세요. 그래서 어근의 뜻을 아는 게 매우 중요하고 어근을 잘 외워야 합니다. 걱정하지 마세요. 자동으로 알아집니다.

접사의 예

ajar가 단어의 원형임

ajar, **pengajaran** 교육, 지도	**belajar** 공부하다
mempelajari 배우다	**mengajar**, **mengajari**, **mengajarkan** 가르치다
pelajaran 학습, 수업, 학과	**pengajar** 선생
terpelajar 교육받은	**ajaran** 이론, 학설 **pelajar** 학생

상기 예처럼 접두, 접미어가 붙음에 따라 뜻이 변한다는 것을 알 수 있습니다. 그러나 요령을 알고 하다 보면 더 편리할 때가 많으니 잘 유념하세요.

문장의 기본 어순은 **주어 + 동사 + 목적어** 그리고 **주어 + 서술어(형용사, 명사)**이다.

주어 + 동사 + 목적어

Saya minum jus.
사야 미눔 주스

나는 주스를 마신다.

주어 + 동사 + 목적어 + 부사구

Saya minum jus di kafé.
사야 미눔 주스 디 카페

나는 카페에서 주스를 마신다.

주어 + 동사 + 목적어 + 명사 + 부사구

Saya minum **jus jeruk** di kafé.　　　　　나는 카페에서 **오랜지 주스**를 마신다.

사야 미눔 주스 즈룩 디 카페

 여기서 명사 **jus** 를 명사 **jeruk** 이 뒤에서 꾸민다는 것을 알 수 있습니다. 한글의 반대입니다.
문장 해석도 뒤에서 거꾸로 해석하는 걸 알 수 있습니다. 이 부분이 인도네시아를 배우기가 힘든 점입니다.
하다 보면 익숙해지고 쉬워집니다.

주어 + 서술어 (형용사)

Saya malas.　　　　　　　　　　　나는 게으르다.

사야 말라스

주어 + 서술어 (명사) +형용사

Saya orang malas.　Saya orang yang malas.　나는 게으른 사람이다.

사야 오랑 말라스　　　　사야 오랑 양 말라스

 여기서 형용사 **malas** 가 명사 **orang** 를 꾸밉니다. 뒷 문장은 **Yang** 을 사용함으로 게으른 사람이
란 것을 강조합니다.

상기 문장의 예처럼 인도네시아는 영어의 **be** 동사가 없이 바로 명사, 형용사가 와서 문장을 형성합니
다. 잘 기억하세요. 또한, 영어의 **부정관사**나 **정관사**가 없습니다. 수량을 표시할 때는 **수량사**를 사용
하여 표시합니다. 관사는 정관사 같은 기능을 하는 **nya**를 사용한다는 것을 알고 계세요. 상세한 것
은 뒤에서 배웁니다.

주어 + 동사 + 목적어 + 부사구

Saya memberi **tas saya** kepada **teman adik.**　　나는 동생 친구에게 내 가방을 주었다.

사야 믐-브리 따스 사야 끄빠다 뜨-만 아딕

 여기서는 명사 **tas**를 대명사 **saya**가 꾸미고 부사구에서는 명사 **teman**을 명사 **adik**이 꾸밉니다.
해석도 뒤에서 하는 걸 알 수 있습니다.

 문장 구조는 차차 자연스럽게 알게 됩니다.

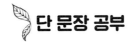
Tolong **antarkan barang ini** ke rumah saya.
똘롱 안따르깐 바랑 이니 끄 루마 사야

이 물건을 제 집으로 **배달해 주세요.**

Tolong **antar** saya ke stasiun Cawang.
똘롱 안따르 사야 끄 스따시운 짜왕

저를 짜왕 역으로 **데려다주세요.**

 antarkan + 물건, 사람 + **ke** ~
물건을 배달해주다, 사람을 데려다주다 뜻으로 쓰이니 잘 활용하세요.
antar, mengantar, mengantarkan ~을 데려다주다, 데리고 가다 같이 사용해도 됩니다.

Aku mau mendaftar **asuransi kecelakaan.**
아꾸 마우 믄 다프따르 아수란시 끄쩔라까아안

저는 **상해 보험**에 들려고 해요.

Aku mau mendaftar asuransi jiwa.
아꾸 마우 믄 다프따르 아수란시 지와

저는 **생명 보험**에 들려고 해요.

Saya ingin mendaftar **asuransi wisata.**
사야 잉인 믄다프따르 아수란시 위사따

저는 **여행보험**에 들고 싶어요.

 보험 들다 표현은 이 세 가지만 알고 갑시다.

A : Keréta api ini **ke Bogor?**
끄레따 아삐 이니 끄 보고르

이 기차는 **보고르로** 갑니까?

B : Tidak, **keréta itu** ke Sudirman.
띠닥 끄레따 이뚜 끄 수디르만

아뇨, 그 **기차는** 수디르만으로 갑니다.

A : **Keréta api terakhirnya** jam berapa?
끄레따 아삐 뜨라히르냐 잠 브라빠

마지막 기차는 몇 시까지 있나요?

B : **Kalau tidak salah,**
깔라우 띠닥 살라

틀리지 않는다면,

mungkin jam 12 malam.
뭉낀 잠 두아블라스 말람

아마 밤 12 시 까지 있을 **거예요.**

A : Oh gitu. Kamu mau **ke mana?**
오 기뚜 까무 마우 끄 마나

오 그래요. **어디로 가려고요?**

B : Saya **ke Puncak.**
사야 끄 뿐짝

저는 **뿐짝으로** 갑니다.

Berapa banyak anak kamu?　　　　　　　　당신 아이가 몇 명이에요?

브라빠 반약 아낙 까무

(Kamu **anaknya berapa?**)

까무 아낙냐 브라빠

(아이가 몇인지 물을 때 두 문장만 기억하세요)

Harga barang ini berapa?　　　　　　　이 물건값이 얼마예요?

하르가 바랑 이니 브라빠

Berapa harga barang itu?　　　　　　　그 물건값이 **얼마예요?**

브라빠 하르가 바랑 이뚜

Harga barang ini lima puluh ribu Rupiah.　이 물건값은 오만 루피아입니다.

하르가 바랑 이니 리마 뿔루 리부 루삐아

 물건값 물을 때 와 답 : **Berapa harga~, Harga barang ini** ~이 형식의 문장 꼭 기억하세요

Suruh Ali bawa barang itu.　　　　　　알리에게 그 물건을 갖고 오라고 하세요.

수루 알리 바와 바랑 이뚜

A : Liburan nanti **apa rencana kamu?**　　이번 휴가 때 **너의 계획은 뭐냐?**

리부란 난띠 아빠 른짜나 까무

B : **Tidak ada** yang spesial.　　　　　　특별한 **계획이 없어.**

띠닥 아다 양 스뻬시알

A : Di mana barang ini **taruh (diletakkan)?**　이 물건을 어디에 **놓을까요?**

디 마나 바랑 이니 따루 (딜르따깐)

B : Taruh (letakkan) **di situ saja.**　　　　저기 놓아주세요.

따루 (르따깐) 디 시뚜 사자

 '~을 놓아두다'라는 표현은 **menaruh, meletakan** 을 기억하세요. 상기 문장에서 **taruh** 를 쓴 것은 나중에 설명하지만 **me** 접두어를 생략하고 동사 원형을 사용한 예입니다. 회화에서는 동사 원형을 사용하는 경우가 많으니 참고하세요.

|심층 공부|

makan waktu berapa lama. butuh waktu berapa lama. berapa lama
얼마나 걸립니까
apa boléh buat. mau bagaimana lagi. mau apa lagi
어쩔란 말이냐, 어떻게 하니
berteduh 비나 햇빛을 피하다　　　　　　melindungi 위험으로부터 몸을 피하다

Bab.2
인도네시아어 기초 문법

형용사 🔊

형용사는 보통 명사 뒤에 위치하여 앞의 명사를 수식하고 단독으로 **주어와 형용사만으로도** 문장 구성을 합니다. 그리고 **수를 표현하는 형용사는** 앞 뒤에서 수식이 가능합니다. 문장을 읽으면서 확인해 보세요.

Kamu cantik dan langsing.
까무 짠띡　단 랑싱

너는 **예쁘고 날씬하다.**

Ayu rajin dan tekun.
아유 라진 단 뜨꾼

아유는 **부지런하고 근면하다.**

Perempuan manis ini dari Koréa.
쁘름뿌안 마니스 이니 다리 꼬레아

이 예쁜 여자는 한국에서 왔다.

 manis 달다의 뜻인데 예쁘다의 뜻도 있습니다.

jalan **yang** sempit. 잘란 양 슴뻿	jalan sempit 잘란 슴뻿	좁은 길
gedung **yang** tinggi. 그둥 양 띵기	gedung tinggi. 그둥 띵기	높은 건물
orang **yang** muda. 오랑 양 무다	orang muda 오랑 무다	젊은 사람

 상기 예에서 뜻은 같지만 **yang**을 사용하면 강조의 뜻이 있습니다.
인도네시아인들은 거의 **yang**을 사용합니다. 우리도 사용하는 습관을 기릅시다. 뜻 전달도 명확합니다.
그러나 아래 예처럼 **yang**을 사용함으로써 뜻이 바뀌는 경우도 가끔 있으니 문장 속에서 공부하세요.
그리고 거의 많은 문장은 **yang**을 생략하고 말해도 무방할 때가 굉장히 많습니다. 생각하고 해석해 보세요. **yang**이 꼭 필요한 문장은 제외입니다.

orang bulé 오랑 불레	서양 사람	orang **yang** bulé 오랑 양 불레	(라고는 하지 않는다)
orang putih 오랑 뿌띠	백인	orang **yang** putih 오랑 양 뿌띠	피부가 흰 사람
orang tua 오랑 뚜아	부모님	orang yang tua 오랑 양 뚜아	늙은 사람
orang besar 오랑 브사르	대단한 사람	orang yang besar 오랑 양 브사르	키가 큰 사람
orang kulit hitam 오랑 꿀릿 히땀	흑인		

단 문장 공부

Kenapa kamu begitu sibuk?
끄나빠 까무 브기뚜 시북

너 왜 그렇게 바쁘냐?

Kalau mau keluar, harus mendapat izin dulu.
깔라우 마우 끌루아르　하루스 믄다빳 이진 둘루

외출하려면, 먼저 허가를 받아야 합니다.

A : Di mana **kita duduk?**
　　디 마나 끼따 두둑

우리 어디 앉을까?

B : **Kita duduk di sini saja.**
　　끼따 두둑 디 시니 사자

우리 여기 앉자.

Banyak peristiwa **yang terjadi setiap hari.**
반약 쁘리스띠와 양 뜨르자디 스띠압 하리

매일 일어나는 사건은 많다.
(많은 사건이 매일 일어난다.)

Kami beramai ramai mengantar ayah.
까미 브라마이 라마이　믕안르 아야ㅎ

우리는 아버지를 배웅하느라 분주했다.

Tadi pagi **hujan mengguyur** kota Jakarta.
따디 빠기 후잔 믕구유르 꼬따 쟈까르따

오늘 아침 자카르타 도시에 비가 퍼부었다.

Pohon yang tumbang menghalangi lalu lintas.
뽀혼 양 뚬방 믕할랑이 라루 린따스

넘어진 나무는 교통을 방해했다.

Saat pengumuman, semua peserta tegang.
사앗 쁭우부만　스무아 쁘스르따 뜨강

공문 발표 때, 모든 참석자는 긴장했다.

Seperti yang diduga, saya menjadi juara 3.
스쁘르띠 양 디두가　　　사야 믄자디 주아라 띠가

예상한 것처럼, 나는 3등이 됐다.

Saya pulang **dengan piala kemenangan**.
사야 뿔랑 등안 삐알라 끄므낭안

나는 **우승컵을 갖고** 돌아왔다.

Saya berjalan mengelilingi **alun-alun**.
사야 브르잘란 믕으리링이 알룬 알룬

나는 **광장** 주위를 둘러보면서 걸었다.

Kamu selalu seperti ini, **Kamu égois**.
까무 슬랄루 스쁘르티 이니　　　까무 에고이스

너는 항상 이래, **너는 이기적이야.**

Aku ada di depan (hadapan) rumahmu.
아꾸 아다 디 드빤 루마무

나는 네 집 앞에 있습니다.

Siapa saja boléh masuk.
시아빠 사자 볼레 마숙

누구나 들어와도 좋다.

Tentu saja **dia tak mau**.
뜬뚜 사자 디아 딱 마우

당연히 **그는 원하지 않을 거야.**

Dia senang berteman **dengan siapa saja**.
디아 스낭 브르뜨만 등안 시아빠 사자

그는 **누구든지** 친구로 지내는 걸 좋아합니다.

Aku **disuguhi(dijamu)**berbagai makanan.
아꾸 디수구이 브르바가이 마까난

나는 여러 가지 음식을 **대접받았다.**

Tak mudah kulupakan kamu.
딱 무다 꾸루빠깐 까무

내가 너를 잊기는 **쉽지 않다.**

Tak mudah **bercerai**.
딱 무다 브르쯔라이

헤어지기는 쉽지 않다.

Selalu kurindukan **kamu yang cantik.**
스랄루 꾸린두깐 까무 양 짠

항상 나는 **아름다운 너를** 그리워합니다.

Saya **meletakkan** vas bunga di atas méja.
사야 믈르따깐 바스 붕아 디 아따스 메자

나는 꽃병을 책상 위에 **놓았다.**

Keringat bercucuran di sekujur badanku.
끄링앗 브르쭈쭈란 디 스꾸주르 바단꾸

온몸에 땀이 흘러내렸다.

Apa syarat pengembalian buku?
아빠 샤랏 쁭음발리안 부꾸

책 반환 조건은 뭐냐?

Ayah memberiku **idé yang cemerlang**.
아야ㅎ 믐브리꾸 이데 양 쯔므르랑

아버지께서 **빛나는 아이디어를** 주셨다.

Data data ini **sumbernya dari buku**.
다따 다따 이니 숨브르냐 다리 부꾸

이 데이터들은 **그 출처가 책으로부터 왔다.**

Saya memakai minyak **sebagai ganti mentéga**.
사야 므마까이 미냑 스바가이 간띠 믄떼가

나는 **버터를 대신하여** 기름을 사용합니다.

Tiba-tiba **terdengar suara dengkuran**.
띠바 띠바 뜨르등아르 수아라 등꾸란

갑자기 **코 고는 소리가** 들렸다.

Karena suara itu, **seisi kelas** menjadi bingung.
까르나 수아라 이뚜 스이시 끌라스 믄자디 빙웅

그 소리 때문에, **교실 전체가** 당황했다.

Hampir setiap hari saya belajar menyanyi.
함삐르 스띠압 하리 사야 블라자르 므냐니

거의 매일 나는 노래 공부를 합니다.

Saya dibimbing oléh seorang guru seni.
사야 디빔빙 올레ㅎ 스오랑 구루 스니

나는 한 미술 선생님께 **가르침을 받는다.**

Dia **titip salam** untuk kamu.
디아 띠띱 살람 운뚝 까무

그는 너에게 **인사를 남겼다.**

Dia **titip pesan** untukmu.
디아 띠띱 쁘산 운뚝무

그는 너를 위해 **메세지를 남겼다.**

Dia **orang yang spontan**.
디아 오랑 양 스뽄딴

그는 **직선적인 (즉흥적인)** 사람이다.

|심층 공부|

deras, lebat (비 등이) 심한
reda 비가 잠잠해지다, 잦아들다
surut 물이 빠지다
pipis, kencing 소변
orang orangan, umbul umbul 허수아비
sampai saat ini, sampai sekarang 지금까지
dari sekarang 지금부터
dengan sepenuh hati 진심으로
tinggal 살다, 남다, 남기다
meninggal, meninggal dunia 사람이 세상을 떠나다

Pelajaran

02

명사 ◀))

명사는 한 단어로 구성되는 **보통 명사와** 두 단어가 결합하는 **복수 명사, 복합 명사**, 접두사가 붙는 **접두, 접미 명사** 네 가지로 구분하면 좋을 것 같습니다.

보통 명사 - buku, rumah, apel 등

복수 명사 - buku buku, teman teman 등 같은 두 단어를 반복하여
　　　　　복수 명사를 만들거나 **수량사 등을 사용하여 복수를 만듭니다.**
　　　　　수량사 등을 사용 시 **명사를 중복시키지 않습니다.**

복합 명사 - kamar mandi, taman hiburan, rumah sakit 등 다른 단어의 복합
　　　　　복합 단어는 굉장히 많으니 그때그때 잘 외우세요.

접두, 접미 명사 - 동사, 명사, 형용사, 수사 등에서 ~an, pe~, per~ an, pe~ an, ke~ an과 같은
접미사나 접두어가 붙어서 명사를 형성합니다.
대부분의 뜻은 **단어 원형의 뜻을 명사화**하고 조금의 의미 변화를 줍니다.
단어 **원뜻과 상반되는 뜻은** 많이 없으니 그런 단어는 그때그때 외워 둡시다.

1) an이 접미되는 명사

❶ 문장 속에서 많이 접할 수 있으니 잘 기억하세요. 보통 단어 원형의 뜻을 명사화합니다.
　주로 동사, 명사, 형용사에서 파생합니다.

tanam**an** 식물	tamat**an**, lulus**an** 졸업생	atas**an** 상사
따나만	따마딴　　룰루산	아따산
pikir**an** 생각	bawah**an** 부하	masak**an** 요리
삐끼란	바와한	마사깐
bantu**an** 도움	tulis**an** 글	tabung**an** 저축한 돈
반뚜안	뚤리산	따붕안

Aku tidak bisa menerima pikiranmu
아꾸 띠닥 비사 므느리마 삐끼란무

나는 너의 생각을 전혀

sama sekali.
사마 스깔리

받아들일 수 없습니다.

Kamu tidak boleh menarik **tabungan**.
까무 띠닥 볼레 므나릭 따붕안

너는 **예금**을 찾아서는 안 된다.

❷ 숫자에 **an** 접미사가 접미 되면 많은 수나 나이 대를 의미합니다.

ratus**an** 수백의　ribu**an** 수천의　　**40an** 40대
라뚜산　　　　　리부안　　　　　음빳뿔루안

500an orang　500명의 사람
리마라뚜산 오랑

❸ 정기적인 날을 표시, 연대를 나타냅니다.

tahun 년　　　　tahun**an** 매년　　　bulan 달　　　bulan**an** 매월
surat hari**an** 일간지　　　　　　　rapat bulan**an** 월례 회의
majalah minggu**an** 주간 잡지　　　rapat tahun**an** 연례 회의

❹ 군집 명사로 사용합니다.

buah buah**an** 과일류　　sayur sayur**an** 채소류　　　　laut**an** 해양

2) pe 접두어 명사

pe 접두어는 me 동사처럼 동사 변화가 되는 걸 명심하세요(동사 공부에서 배웁니다).
pe 접두사와 결합하면 **행위자** 즉, **~ 하는 사람**이 되거나 **도구**를 표현하는 두 가지입니다.

pemalas 게으름뱅이　　　　**pem**bohong 거짓말쟁이　　**pen**ononton 관객
쁘말라스　　　　　　　　　　쁨 보홍　　　　　　　　　　쁘논똔

pengoléksi 수집가　　　　　**pen**yanyi 가수　　　　　**pem**beli 구매자
쁭오렉시　　　　　　　　　　쁘냐니　　　　　　　　　　쁨블리

pemalu 수줍음을 타는 사람　**pen**diam 말 없는 사람
쁘말루　　　　　　　　　　　쁜디암

pedagang 상인
쁘다강

pemain (운동)선수
쁘마인

penjual 판매자
쁜주알

Adikku **pengoléksi perangko.**
아딕꾸   뽕올렉시   쁘랑꼬

내 동생은 우표 수집가이다.

Penonton memberi tepuk tangan
쁘논똔 끔브리 뜨뿍 땅안

청중은 **뜨겁게** 손뼉을 쳤다.

dengan hangat.
등안 항앗

penutup 마개
쁘누뚭

pemanas 난로
쁘마나스

pendingin (kulkas) 냉장고
쁜딩인

penggaris 자
쁭가리스

penghapus 지우개
쁭하뿌스

 도구를 표현하는 단어는 몇 개 되지 않으니 그때그때 외우세요.

3) per~ an 접두 접미어 명사

❶ per~ an 접두 접미어는 주로 ber 접두어와 memper 접두어 동사를 명사화합니다.

perhiasan 장식
쁘르히아산

percabangan 가지, 지점
쁘르짜방안

perbuatan 행동
쁘르부아딴

persahabatan 우정, 친교
쁘르사하밧딴

peringatan 기념
쁘르잉앗딴

perluasan 확장
쁘르루아산

persatuan 통일
쁘르사뚜안

perbaikan 수리, 개량
쁘르바이깐

perbédaan 차이
쁘르베다안

pertemuan 만남, 회의
쁘르뜨무안

perubahan 변화
쁘루바한

pekerjaan 일, 직업
쁘끄르자안

pertigaan 삼거리
쁘르띠가안

perpanjangan 연장
쁘르빤장안

Aku pergi **ke kantor imigrasi** untuk melakukan **perpanjangan** paspor.
아꾸 쁘르기 끄 깐또르 이미그라시 운뚝 믈라꾸깐 쁘르빤장안 빠스쁘르

나는 여권 **연장**을 위하여 **이민국**으로 갔다.

Aku melaporkan **perbuatan ilegal orang itu** ke kantor polisi.
아꾸 믈라뽀르깐 쁘르부아딴 일레갈 오랑 이뚜 끄 깐또르 뽈리시

나는 **그 사람의 불법 행위를** 경찰서에 신고했다.

❷ 관련 업을 표현할 때 per+an을 사용하여 사용한다는 것을 명심하세요. 문장 속에서 유심히 보세요.

perékonom**ian** 경제
쁘르에꼬노미안

perdagang**an** 상업
쁘르다강안

perindustr**ian** 산업
쁘르인두스뜨리안

pertan**ian** 농업
쁘르따니안

pertambang**an** 광업
쁘르땀방안

perbank**an** 은행업
쁘르방깐

Ayah saya bekerja **di bidang pertanian.** 내 아버지는 **농업에** 종사하신다.
아야흐 사야 브끄르자 디 비당 쁘르따니안

Perékonomian Indonesia semakin baik. **인도네시아 경제가** 점점 좋아지고 있습니다.
쁘르에꼬노미아 인도네시아 스마낀 바익

4) pe~ an 접두 접미어 명사

❶ pe~ an 접두 접미어는 주로 me 동사를 명사화하여 사용합니다. 또한 me 동사 변화에 따릅니다(동사편에서 설명할 것임).

penitipan 보관
쁘니띱빤

pembersihan 청소
쁨브르시한

pembuatan 생산, 제조
쁨부앗딴

pemakaian 사용
쁘마까이안

penilaian 평가
쁘닐라이안

penjualan 판매
쁜주알란

penyimpanan 보관
쁘님빤안

pembangunan 건설
쁨방운안

pengiriman 송달, 배달
쁭이림안

penelitian 조사, 연구
쁘늘리띠안

penemuan 발견
쁘느무안

pembayaran 지불
쁨바야란

pembelian 구입
쁨블리안

penerangan 설명
쁘느랑안

pengecilan 축소
쁭으찔란

❷ pe~ an 접두 접미어는 장소를 표시하기도 합니다.

pengadilan 법원
쁭아딜란

pelabuhan 항구
쁠라부한

penitipan 보관소
쁘니띱빤

perumahan 주택 단지
쁘루마한

pegunungan 산악지역, 산맥
쁘구눙안

|심층 공부|

akuntan 회계사   **akuntansi, keuangan** 회계
skandal akuntansi 회계 부정
audit keuangan, pemeriksaan akuntansi 회계 감사
이런 단어는 회계분야에서 자주 사용하는 단어이니 잘 익혀 놓으세요.
bidang, sektor, bagian, divisi 분야, 부문   **menekan, tekan** ~을 누르다
dicela, tercela, disalahkan 약점 잡히다   **titik kelemahan, cela** 약점

---

5) ke~ an 접두 접미어 명사

❶ ke~ an 접두 접미어가 동반될 경우는 주로 추상 명사나, 동사의 명사화 때 주로 사용됩니다.

kebersihan 청결
끄브르시한

kebaikan 선, 착함
끄바이깐

kemampuan 능력
끄맘뿌안

keadilan 정의
끄아딜란

kesehatan 건강
끄세핫딴

kesuksesan 성공
끄쑥세산

keberanian 용기
끄브라니안

kecantikan 아름다움
끄짠띠깐

kejujuran 정직
끄주주란

❷ ke~ an 접두 접미어는 ~을 당하다는 뜻을 표현할 때가 있습니다.

kehilangan 분실되다
끄힐랑안

ketinggalan 남겨지다
끄띵갈란

kebanjiran 홍수 피해를 입다
끄반지란

kehujanan 비를 맞다
끄후잔한

ketiduran 잠들어 버리다
끄띠두란

kelihatan 보이다
끌리핫딴

kedengaran 들리다
끄등아란

kemalingan 도둑 맞다
끄말링안

kecurian 도둑 들다
끄쭈리안

❸ ke~ an 접두 접미어는 너무 ~하다라는 뜻을 표현합니다.

kelaparan 배가 너무 고프다
끌라빠란

kepanasan 너무 덥다
끄빠나산

kedinginan 너무 춥다
끄딩인난

kecapékan 너무 피곤하다
끄짜뻬깐

kegemukan 너무 뚱뚱한
끄그묵깐

kepanjangan 너무 긴
끄빤장안

kekecilan 너무 적은
끄끄찔란

❹ ke~ an 접두 접미어는 공적 장소나 학문을 의미합니다.

kedutaan 대사관
끄두따안

kerajaan 왕궁
끄라자안

kejaksaan 검찰청
끄작사안

kelurahan 읍 사무소
끌루라한

kementerian 행정부처
끄믄뜨리안

kedokteran 의학
끄독뜨란

❺ ke~ an 접두 접미어는 동사를 명사화합니다.

kematian 사망
끄마띠안

keinginan 소망
끄잉인난

kepercayaan 믿음
끄쁘르짜야안

keberhasilan 성취, 성공
끄브르하실란

kehadiran 참석
끄하디란

kedatangan 도착
끄다땅안

keberangkatan 출발
끄브랑깟딴

 어떠하든 접사의 사용으로 명사화 되지만 기본 뜻은 단어 원형의 뜻과 거의 같기 때문에 이 원리만 아시면 문제 없습니다. 기본 원리를 잘 숙지하세요.

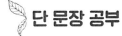 단 문장 공부

Teman, **aku membutuhkanmu.**
뜨만   아꾸 믄부뚜흐깐부

친구, 난 너를 필요로 해.

Barangkali Ali tak tahu **mengenai hal itu.**
바랑깔리 알리 딱 따우 믕으나이 할 이뚜

아마도 알리는 그 일에 대해서 모를 거야.

Pertemuannya nggak ada hari ini.
쁘르뜨무안냐 응가 아다 하리 이니

그 회의는 오늘 없어.

mungkin bésok.
뭉낀 베속

아마 내일 있을 거야.

A : Bagaimana **jadwal penerbangannya?**
바가이마나 자드왈 쁘느르방안냐

항공편 일정이 어떻게 됩니까?

Penerbangannya **ada berapa kali sehari**
쁘느르방안냐 아다 브라빠 깔리 스하리

족자로 가는 항공편은

ke Jogja?
끄 족자

하루에 몇 번 있나요?

B : **Per hari** 4 kali.
쁘르 하리 음빳 깔리

하루에 네 번 있어요.

A : Tolong kirimkan jadwalnya **melalui email.**
똘롱 끼림깐 자드왈냐 믈라루이 이메일

그 일정표를 **이메일로** 보내주세요.

B : Oké. Saya **akan menyiapkannya.**
오케 사야 아깐 므니압깐냐

네. 저는 **그것을 준비하겠습니다.**

Ada lagi yang diinginkan?
아다 라기 양 디잉인깐

원하시는 게 **또** 있습니까?

Kita harus mematuhi **peraturan lalu lintas.**
끼따 하루스 므마뚜이 쁘라뚜란 랄루 린따스

우리는 **교통법규를** 따라야 합니다.

Sekarang tujuan PMI **telah berkembang luas.**
스까랑 뚜주안 뻬엠이 뜰라 브르끔방 루아스

현재 적십자의 목표는 **폭 넓게 발전했다.**

Barang yang kamu buat **bagus.**
바랑 양 까무 부앗 바구스

네가 만든 물건은 **좋다.**

Dokter **menulis resép**
독뜨르 므눌리스 르셉

의사는 **처방전을 쓰고**

dan apotéker **meramu obat.**
단 아뽀떼끄르 므라무 오밧

약사는 **약을 짓는다.**

Ambulans **mengangkut** pasién.
암불란스 믕앙꿋 빠시엔

앰뷸런스가 환자를 **실었다.**

Paman bersedia **mendonorkan darahnya.**
빠만 브르스디아 믄도노르깐 다라냐

삼촌은 **자기의 혈액을 기증할** 준비를 했다.

Caranya mudah **seperti berikut ini.**
짜라냐 무다ㅎ 스쁘르띠 브리꿋 이니

그 방법은 이 아래와 같이 쉽다.

Saya **menang**, Mia **kalah**.
사야 므낭   미아 깔라

나는 **이기고**, 미아는 **졌다**.

Saya ada **karena kamu ada**.
사야 아다 까르나 까무 아다

네가 있기에 내가 있습니다.

Jika kamu tidak ada sama dengan aku tidak ada.
지까 까 무 띠닥 아다 사마 등안 아꾸 띠닥 아다

만일 네가 없으면 내가 없는 것과 같다.

Saya menolak **permintaan teman**.
사야 므놀락 쁘르민따안 뜨만

나는 **친구의 부탁**을 거절했다.

Saya **menerima** semua kesulitan **dengan tabah**.
사야 므느리마 스무아 끄술리딴 등안 따바ㅎ

나는 모든 어려움을 **굳세게 받아들였다**.

Seorang pengemis **mati tertabrak**!
스오랑 쁭으미스 마띠 뜨르따브락

한 거지가 **받쳐서 죽었어**!

Hari ini wajah kamu **tampak sedih sekali**.
하리 이니 와자 까무 땀빡 스디 스깔리

오늘 너의 얼굴이 **매우 슬퍼 보인다**.

Tidak ceria **seperti biasanya**.
띠닥 쯔리아 스쁘르띠 비아사냐

보통 때처럼 쾌활하지 않다.

Saya **mencoba menghiburnya**.
사야 믄쪼바 믕히부르냐

나는 **그를 위로해 주려고 시도했다**.

Dia sedih memikirkan ayahnya.
디아 스디 므미끼르깐 아야ㅎ냐

그는 아버지를 생각하면서 **슬퍼했다**.

Dia takut **tidak dapat melanjutkan sekolah**.
디아 따꿋 띠닥 다빳 믈란줏깐 스꼴라ㅎ

그는 학교를 계속 다닐 수 없을까 두려워했다.

Keringat **membasahi** tubuhku.
끄링앗 믐바사히 뚜부꾸

땀이 내 몸을 **적셨다**.

Aku berkata **sambil berbisik**.
아꾸 브르까따 삼빌 브르비식

나는 **속삭이면서** 얘기했다.

Aku ragu ragu melakukan hal itu.
아꾸 라구 라구 믈라꾸깐 할 이뚜

나는 그것을 하는데 **주저했다**.

Aku memperhatikan benda itu.
아꾸 믐쁘르하띠깐 븐다 이뚜

나는 그 물건을 유심히 보았다.

Aku berangkat ke kantor **terburu buru**.
아꾸 브랑깟 끄 깐또르 뜨르부루 부루

나는 서둘러 사무실로 출발했다.

Kalau kamu mau, **aku akan jelaskan**

깔라우 까무 마우　　아꾸 아깐 즐라스깐

dengan ikhlas.

등안 이흘라스

네가 원한다면, 솔직하게

내가 설명해줄게.

|단어 공부|

partai	당, 정당
PR(Pekerjaan Rumah)	숙제, 과제, 집안 일
embun	이슬
kabut	안개
tipis	얇은
menyiram, siram	물주다
dini hari, subuh, fajar	이른 아침, 새벽
pelit, kikir	구두쇠, 인색한

지시 대명사 🔊

ini 이것, 이 사람, 오늘, 이 시간, 현재 itu 그것, 그 사람, 그 날, 그때, 과거를 표현.
즉, 가까운 것 ini, 먼 것은 itu 로 기억합시다.

 주로 문장 뒤에 오는 경우가 많습니다. 영어처럼 복수가 없습니다.

(ex) hari ini 오늘　　　　saat ini 이때, 지금　　　　tahun ini 올해
　　　hari itu 그날　　　　saat itu 그때　　　　　　orang itu 그 사람

❖ 장소 지시 대명사

sini 이곳, 여기 말하는 사람에게 있는 것
situ 그곳, 거기 듣는 사람에게 있는 것
sana 저곳, 저기 제3의 장소에 있는 것

Saya membeli baju **ini**.　　　　　　　나는 **이** 옷을 샀다.
Apakah kamu mau menjual barang **itu?**　너는 그 물건을 팔려고 하니?
Rumah kamu jauh dari **sini.**　　　　　네 집은 **여기**로부터 멀다.
Dompét **itu** ada di **situ**.　　　　　　그 지갑은 **거기**에 있습니다.
Bioskop ada di **sana**.　　　　　　　　극장은 **저기**에 있습니다.

 문장 속 단어는 가능하면 다시 단어 설명을 하지 않습니다. 문장 속에 뜻이 다 들어 있으니,
특별히 필요한 것만 설명하고, 필자가 듣고, 본 것을 필요한 것만 가능하면 소개할 것입니다.
그러니 문장 속에서 외우세요. 의문이 생기시면 사전을 찾아보세요. 물론 문장 속 단어도 가끔 설명합니다.

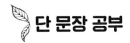

Buah yang mentah rasanya masam (asam).
부아ㅎ 양 믄따ㅎ 라사냐 마삼 (아삼)

익지 않은 **과일은** 그 맛이 시다.

Buah yang matang **rasanya manis**.
부아 양 마땅 라사냐 마니스

익은 과일은 **그 맛이 달다.**

Coba tebaklah umur saya berapa.
쪼바 뜨박라 우무르 사야 브라빠

제 나이가 몇 살인지 **맞추어 보세요.**

Agar bisa mengharumkan nama Indonesia,
아가르 비사 믕하룸깐 나마 인도네시아

인도네시아의 이름을 알릴 수 있도록,

aku harus membawa **piala**.
아꾸 하루스 믐바와 삐알라

나는 **우승컵을** 가져와야 합니다.

Jarak Depok dari Jakarta cukup dekat.
자락 데뽁 다리 자까르따 쭈꿉 드깟

자카르타부터 데뽁 거리는 매우 가깝다.

Jangan kamu lupa pesanku.
장안 까무 루빠 쁘산꾸

너 내 부탁을 (교훈을) 잊지 마라.

Aku berharap kamu ingat selalu.
아꾸 브르하랍 까무 잉앗 스랄루

나는 네가 항상 기억하기를 **바란다.**

memahami, mengerti 이해하다
berharap, memohon, meminta 부탁하다, 바라다, 요구하다

Obat ini bisa meredakan luka bakar ringan.
오밧 이니 비사 므르다깐 루까 바까르 링안

이 약은 가벼운 화상을 **아물게 할 수 있습니다.**

Selain itu, obat itu juga baik **untuk menyuburkan**
스라인 이뚜 오밧 이뚜 주가 바익 운뚝 머뉴부르깐

그 외에, 그 약은 **머리를 자라게**

rambut.
람붓

하는 데도 또한 좋다.

Caranya, **oléskan** pada bagian yang terluka.
짜라냐   올레스깐 빠다 바기안 양 뜨르루까

방법은, 부상당한 부분에 **발라라.**

Khasiatnya juga bisa mengobati
하시앗냐 주가 비사 믕오바티

그 특성은 **장염을** 치료할 수도 있습니다.

penyakit radang usus.
쁘냐낏 라당 우수스

Ibu berpesan pada saya **membeli obat batuk**.
이부 브르쁘산 빠다 사야 믐블리 오밧 바뚝

엄마는 나에게 **감기약을 사 오**라고 주문했다.

 | **menyuruh, berpesan** 지시하다, 명령하다

Ketika menyampaikan pesan,
끄띠까 므냠빠이깐 쁘산

메시지를 전달할 때,

kita harus mengatakan apa adanya.
끼따 하루스 믕아따깐 아빠 아다냐

우리는 있는 그대로 말을 해야 합니다.

Dulu bumi berseri seri,
둘루 부미 브르스리 스리

예전에 지구는 정말 빛났다,

tapi sekarang tak lagi kerena ulah manusia.
따삐 스까랑 딱 라기 까르나 울라ㅎ 마누시아

그러나 지금은 인간의 행실 때문에
다시는 빛나지 않는다.

Marilah kita kembalikan senyum bumi
마리라ㅎ 끼따 끔발리깐 스늄 부미

우리는 **우리가 이미 빼앗은**

yang telah kita rampas.
양 뜰라 끼따 람빠스

지구의 미소를 되돌려줍시다.

Semoga rencanamu berhasil.
스모가 른짜나무 브르하실

너의 계획이 성공하길 빈다.

Kamu harus meniru perbuatan yang baik.
까무 하루스 므니루 쁘르부앗딴 양 바익

너는 좋은 행동을 **본받아야** 합니다.

Skor kemenangan kami 4-2.
스꼬르 끄므낭안 까미 음빳두아

우리의 승리 점수는 4-2이다.

Jangan percaya dia!
장안 쁘르짜야 디아

그를 믿지 마라!

Dia suka berbohong dan **ingkar janji**.
디아 수까 브르보홍 단 잉까르 잔지

그는 거짓말하고 약속을 어기는 경향이 있다.

Ibu-ibu harap datang ke lapangan.
이부 이부 하랍 다땅 끄 라빵안

어머님들께서는 운동장으로 오시길 바랍니다.

Kamu sungguh cantik. (kamu benar benar cantik). 너는 정말 이쁘다.
까무 숭구 짠띡   (까무 브나르 브나르 짠띡)

Pakaianmu juga bagus.
빠까이안무 주가 바구스

네 옷 또한 좋다.

Apa pun yang dipakai terlihat pantas. (cocok).   **무엇을 입어도** 어울려 보인다.

아빠 뿐 양 디빠까이 뜨르리앗 빤따스 (쪼쪽)

Karena itu, aku jatuh cinta.   그 때문에, **나는 사랑에 빠졌다.**

까르나 이뚜   아꾸 자뚜ㅎ 찐따

 애인을 사귀고 싶을 때 이런 표현을 해주면 좋아하겠죠?

Suasananya riuh rendah seperti di pasar.   그 분위기는 시장에 있는 것처럼 **어수선했다.**

수아사나냐 리우 른다 스쁘르띠 디 빠사르

Oh, Aku juga mau berpesan kepadamu.   오, **나 또한** 너에게 **부탁하려 합니다.**

오,   아꾸 주가 마우 브르쁘산 끄빠다무

Rere **bermata hijau.**   레레는 **돈을 좋아합니다.**

레레 브르마따 히자우

Rere **matré.**   레레는 **속물이다.**

레레 마뜨레

|단어 공부|

memperoleh, mendapat	얻다, 취득하다
malah, justru, bahkan	오히려, 더욱이
situasi, keadaan, kondisi	상황
suasana	분위기
halus	정제된, 세련된
hidup	생활하다
lokasi, letak, tempat, posisi	위치, 장소
paling tidak, paling sedikit	적어도

04

인칭대명사 🔊

1인칭 : aku, saya (단수) **나는**　　　　　　　　kita, kami (복수) **우리**

　　　　kita 와 kami 는 뜻은 같지만

　　　　kita는 대화 상대자를 포함한 우리 라는 뜻, **우리 모두다 함께**

　　　　kami 는 대화 상대자를 포함하지 않는다는 뜻임, 대화 상대 빼고 **우리만**

2인칭 : kamu, Anda , engkau, kau (단수)　　　**너, 당신**

　　　　kalian(복수) **너희들**　　　　　　　　saudara 형제 자매

　　　　kamu sekalian, Anda sekalian　　　**당신들 모두**

3인칭 : dia , ia 그, 그녀　　　　beliau (단수)　　　그분 meréka (복수) 그들

인니어는 철자를 영어에서 차용했고 네들란드의 지배를 근 400년 받았습니다. 그래서 서양의 문물이 많이 들어왔고 언어 또한 그러합니다. kamu 단어에 대해서 높임말이 있지만 영어의 **You**가 지위와 관계없이 쓰듯이 이 나라도 **Kamu**를 일반적으로 편하게 사용합니다. 다만 **Anda**라는 존댓말이 있는데 kamu 를 쓰니까 기분 나빠할 수도 있습니다. 허나, 이 나라에 살면서 **Anda**라는 말은 듣기 쉽지 않습니다. 대통령에게도 쓰지 않습니다. 다만, 처음 만나고 나이가 많이 들었다고 생각 들면 **Anda**를 쓰면 좋습니다. 나이도 젊은데 **Anda** 말을 들으면 오히려 나이 들어 보이고 이상하잖아요?

오히려 부하 직원이나 어린이에게 공손히 일을 시킬 때 오히려 **Anda**를 표현하기도 합니다. 그래서 처음 본 사람에게 kamu라고 했다고 해서 기분 나빠하지 않기 바라며 오히려 **Anda**를 쓰면 기분 나빠해야 합니다. 나이를 많게 보니깐요. 이 나라 국민의 오래된 관습이죠. 무시하는 건 절대 아닙니다. 처음 만나면 나이가 들어 보이면 **Bapak**이나 **Ibu**을 쓰고 나이가 젊거나 비슷한 연배는 **bang, mas, Mbak**(여자)를 쓰면 제일 무난합니다. 장관이나 대통령 상사에게도 **Bapak, Pak, Ibu**를 쓰고 그 뒤에 이름을 붙여 쓰는 게 훨씬 부드럽습니다. 그리고 **aku**의 높인 말은 **saya** 가 있습니다. 아주 어린 여자가 노인에게 **aku**를 자주 씁니다. 귀여움의 표시로 굉장히 많이 씁니다. 다만, 어린 남자는 **saya**를 많이 씁니다. 가끔 한국인들이 kamu라는 말을 듣고 무시 당했다고 화를 내는 사람을 자주 보았습니다. 여러분은 **aku**와 **kamu**의 쓰임을 알았으니, 오해가 없으시겠죠?

* 존대말과 낮춤말을 참고로 알고 갑시다.

saya , Anda , Bapak , Ibu, Anda sekalian , beliau : 존댓말

aku, kamu , engkau , kamu sekalian, kalian : 낮춤말

dia , ia : 존대, 낮춤이 없음

aku — ku,　　 kamu — mu,　　 dia — nya,　　 engkau — kau

로 축약되어 사용하는 걸 기억하세요. 뒤에서 다시 배웁니다.

 gua, gue — aku, saya　　　**lu, loe** — kamu, Anda

위 단어는 자카르타 언어로써 자주 들을 수 있으니 잘 기억하세요. TV나 젊은이들 사이에는 굉장히
많이 들을 수가 있습니다. 필히 기억하시고 암기하세요.

Bapak 선생님, 아저씨　　　　　　　　　　　**Ibu 선생님, 아주머니**

bang, abang, mas 형, 오빠의 뜻. 나이가 더 든 남자에게 하는 호칭

Mbak ~씨, 누나, 언니(식당 여 종업원에게 자주 사용)　　 mas (남자 종업원에게 사용)

kak, kakak 형, 누나, 오빠, 언니

dik(dék) 동생, 어린아이를 부를 때 사용　　　　　　 nak 아이를 부를 때

 인도네시아어는 이름 앞에 **Bapak, Pak**이나 **Ibu, Bu**를 붙여서 사용하고
한국처럼 직책을 붙이지 않는다. 대통령은 **Bapak présiden**이라고 합니다.

Bapak Hikmat. Pak Hikmat. Ibu Yuli. Bu Yuli

 ## 단 문장 공부

Semuanya **bersih** dan **rapi**.　　　　　　　 모두가 깨끗하고 깔끔하다.
스무아냐 브르시 단 라삐

Aku **berusaha mengerém**.　　　　　　　　 나는 브레이크를 잡으려 노력했다.
아꾸 브루사하 믕으렘

Aku **tidak bisa percaya** kamu.　　　　　　 난 너를 믿을 수가 없어.
아꾸 띠닥 비사 쁘르짜야 까무

Saya telah lulus S-3 di Amerika Serikat.　 나는 미국에서 **박사과정을 이미 마쳤다**.
사야 뜰라 룰루스 에스띠가 디 아메리까 스리깟

Aku **pendukung tim itu**.　　　　　　　　　 나는 그 팀의 팬이다.
아꾸 쁜두꿍 띰 이뚜

Saya **ngefans sama tim itu**.　　　　　　　 난 그 팀의 팬이야.
사야 응으팬스 사마 띰 이뚜

Lain kali kita mampir lagi di sini ya.
라인 깔리 끼따 맘삐르 라기 디 시니 야

다음에 우리 다시 여기 들르자.

Bésok **kita coba ke sana lagi.**
베속 끼따 쪼바 끄 사나 라기

내일 우리 거기 다시 가 보도록 하자.

Terima kasih **atas undanganmu.**
뜨리마 까시 아따스 운당안무

초대해 주셔서 감사합니다.

Hari ini menyenangkan.
하리 이니 므녜낭깐

오늘 즐거웠어요.

Makanannya **juga begitu énak.**
마까난냐 주가 브기뚜 에낙

그 음식 또한 너무 맛이 좋았어요.

식사 초대를 받고 헤어질 때 인사. 잘 기억하세요.

Cara mainnya kasar dan curang.
짜라 마인냐 까사르 단 쭈랑

그 게임 방법은 거칠고 불공평했다.

Saya menemani ibu berbelanja di pasar swalayan. 나는 엄마와 함께 슈퍼에서 쇼핑했다.
사야 므느마니 이부 브르블란자 디 빠사르 스왈라얀

Kerjanya telah dimulai **beberapa menit yang lalu.** 작업은 이미 몇 분 전에 시작됐다.
끄르자냐 뜰라 디물라이 브브라빠 므닛 양 랄루

Saya kagét bukan main (kepalang).
사야 까겟 부깐 마인 (끄빨랑)

나는 엄청 놀랐다.

Di ruangan itu, **tidak ada siapa siapa.**
디 루앙안 이뚜   띠닥 아다 시아빠 시아빠

그 홀에는, 아무도 없었다.

Perpustakaan **mémang sedang sepi.**
쁘르뿌스따까안 메망 스당 스삐

도서관은 지금 정말로 한산하다.

Kemungkinan hujan akan datang.
끄뭉끼난 후잔 아깐 다땅

아마도 비가 올 것이다.

Mula-mula aku datang **dengan rasa penasaran.** 처음엔 난 궁금한 기분으로 왔어.
물라 물라 아꾸 다땅 등안 라사 쁘나사란

Semalam **ia begadang menonton télévisi.** 어젯밤 그는 밤새워 TV를 봤다.
스말람 이아 브가당 므논똔 뗄레비시

Tidak jauh dari désa ada sebuah bukit kecil. 마을에서 멀지 않은 곳에 작은 언덕이 있습니다.
띠닥 자우흐 다리 데사 아다 스부아 부낏 끄찔

Bisingnya suara kendaraan itu **bukan kepalang**.
비싱냐 수아라 끈다라안 이뚜 부깐 끄빨랑

그 자동차 소음이 **장난이 아니다.**

Sebaiknya secepat mungkin.
스바익냐 스쯔빳 뭉낀

최대한 빨리하는 게 좋다.

Dia dan saya mempunyai **selera yang sama**.
디아 단 사야 믐뿐냐이 슬레라 양 사마

그와 나는 **같은 취향을** 갖고 있습니다.

Ayu **keterlaluan sombongnya**.
아유 끄뜨르랄루안 솜봉냐

아유는 **건방이 너무 심해.**

Biarkan saja, nanti dia malu sendiri.
비아르깐 사자   난띠 디아 말루 슨디리

놔두자, 나중에 그는 혼자 부끄러워할 거야.

Hal itu **boléh kamu tentukan sendiri**.
할 이뚜 볼레 까무 뜬뚜깐 슨디리

그 일을 네가 혼자 결정해도 좋다.

Kini **ada tiga cara** untuk ke sana.
끼니 아다 띠가 짜라 운뚝 끄 사나

지금 거기로 가기 위한 **세 가지 방법이 있습니다.**

Sebaiknya kalian berkenalan dengan teman ini.
스바익냐 깔리안 브르끄날란 등안 뜨만 이니

너희들은 이 친구와 **알고 지내는 게 좋겠다.**

Ayah **mendatangkan(mengundang)** seorang guru.
아야 믄다땅깐 (믕운당) 스오랑 구루

아버지는 선생님을 **초빙해 오셨다.**

Ibu menidurkan bayinya di kamar bayi.
이부 므니두르깐 바이냐 디 까마르 바이

엄마는 아기 방에서 **아기를 재웠다.**

Dia tidak berani nakal **terhadapku**.
디아 띠닥 브라니 나깔 뜨르하답꾸

그는 **나에게** 함부로 나쁘게 하지 않았다.

Aku **mencoba memberanikan diri**.
아꾸 믄쪼바 믐브라니깐 디리

난 내 스스로 용기를 내 보았다.

Saya mendapat **nomor periksa yang pertama**.
사야 믄다빳 노모르 쁘릭사 양 쁘르따마

나는 **첫 번째 검사 번호를** 받았다.

Kakakku memérahi bibirnya dengan lipstick.
까까꾸 므메라히 비비르냐 등안 립스띡

언니는 립스틱으로 입술를 붉게 칠합니다.

Pakaiannya **kotor** dan **robék**. (sobék).
빠까이안냐 꼬또르 단 로벡 (소벡)

그의 옷은 더럽고 찢어졌다.

Aku pulang **setelah hari gelap**.
아꾸 뿔랑 스뜰라 하리 글랍

나는 **날이 어두워진 후에** 돌아왔다.

Aku **sahabat pena** Lili.
아꾸 사하반 뻬나 리리

나는 리리의 **펜팔 친구다.**

Libur panjang telah berakhir.
리부르 빤장 뜰라 브라히르

긴 휴일이 이미 끝났다.

Tidak ada seorang pun yang lewat.
띠닥 아다 스오랑 뿐 양 레왓

지나가는 **사람이 한 명도 없었다.**

Aku tidak menyukai **pengendara ojék**
아꾸 띠닥 므뉴까이 뻥은다라 오젝

나는 **과속하는 오젝기사를**

yang mengebut.
양 믕으붓

좋아하지 않는다.

Tidak ada orang yang suksés
띠닥 아다 오랑 양 숙세스

열심히 일하지 않고

tanpa bekerja keras.
딴빠 브끄르자 끄라스

성공하는 사람은 없습니다.

 | **남에게 충고할 때 사용해 보세요.**

❖ 인칭 대명사의 격 변화

인칭대명사는 **격 변화**가 없습니다. 문장에 따라서 **주격, 소유격, 목적격**이 구분됩니다. 그리고 **주격, 소유격, 목적격** 등 대명사는 상황에 따라서 단어가 단축되어 사용될 때가 많습니다.

aku — ku, kamu — mu, dia — nya, engkau — kau처럼 **명사의 뒤에서** 단축되고, 특히 **aku**와 **engkau**는 주어로서 **동사 앞에서도** ku, kau 로도 사용됩니다. nya는 나중에 공부하겠지만 용도가 굉장히 많으니 유심히 보세요.

(ex) **Dia** sayang **aku**. 그는 나를 사랑합니다.
　　 Topi itu punya**ku**. 그 모자는 내 것이다.

dia : **주격** aku 는 **목적격**
aku의 단축 ku는 **소유격**

Menurutmu, cuaca hari ini akan baik
atau buruk?

네 **생각에.** 오늘 **날씨가** 좋을 것 같니
나쁠 것 같니?

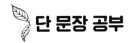

Teman-teman menjuluki **aku orang yang pelit.**
뜨만 뜨만 믄줄룩끼 아꾸 오랑 양 쁠릿

친구들은 **나를 구두쇠라고** 별명을 지었다.

Sawah itu **kering kerontang.**
사와ㅎ 이뚜 끄링 끄론땅

그 논은 **완전히 말라버렸다.**

Tanahnya terbelah-belah.
따나ㅎ냐 뜨르블라ㅎ 블라ㅎ

땅은 많이 갈라졌다.

Hidup boros sangat merugikan.
히둡 보로스 상앗 므루기깐

낭비하는 삶은 많은 손해를 준다.

Pagi merekah, sinar matahari **menembus**
빠기 므르까ㅎ   시나르 마따하리 므늠부스

아침에 동이 트고, 햇빛이 창문 커튼 틈새로

tirai jendéla.
띠라이 즌델라

스며 들었다.

🫘 │ **merekah** 과일 등이 익어서 벌어지다, 땅이 갈라진, 꽃봉오리가 벌어지기 시작하는,
　　　동이 트다(**menerbit**).

Tidak ada orang **yang memedulikannya.**
띠닥 아다 오랑 양 므므둘리깐야

그것에 **관심을 가지는** 사람이 없었다.

Hanya ada satu **yang membuatku merinding.**
한냐 아다 사뚜 양 믐부앗꾸 므린딩

나를 소름 끼치게 만든 것이 오직 하나 있었다.

Di tempat yang luas itu,
디 뜸빳 양 루아스 이뚜

그 넓은 장소에는,

ternyata hanya ada kami berdua.
뜨르냐따 한냐 아다 까미 브르두아

사실 우리 둘만 있었다.

Aku naik kerbau di depan,
아꾸 나익 끄르바우 디 드빤

나는 앞에 있는 물소를 탔고,

kakak di belakang.
까깍ㄱ 디 블라깡

형은 뒤에 있는 물소를 탔다.

Sekarang aku di jalan pulang.
스까랑 아꾸 디 잘란 뿔랑

지금 나는 돌아가는 길이다.

Saya belum pernah menceritakan hal ini.
사야 블룸 쁘르나ㅎ 믄쯔리따깐 할 이니

나는 아직도 이 일에 대해 말을 한 적이 없습니다.

Saya tak mau berterus terang.
사야 딱 마우 브르뜨루스 뜨랑

나는 솔직하게 말하고 싶지 않다.

Saya tidak téga mengatakan **hal yang sebenarnya.**
사야 띠닥 떼가 믕아따깐 할 양 스브나르냐

나는 사실의 일을 차마 말할 수 없습니다.

Pembayarannya boléh dicicil sampai sepuluh kali.
쁨바야란냐 볼레ㅎ 디찌찔 삼빠이 스뿔루 깔리

그 지불은 10번까지 할부해도 된다.

Mobil jemputan saya sudah datang.
모빌 즘뿌딴 사야 수다ㅎ 다땅

나를 배웅할 차가 이미 도착했다.

Kamu tidak seperti orang sebayanya.
까무 띠닥 스쁘르띠 오랑 스바야냐

너는 그 나이의 사람 같지 않았다.

Tolong kasih diskon.
똘롱 까시 디스꼰

할인해 주세요.

Saya mau beli **jika ada diskon.**
사야 마우 블리 지까 아다 디스꼰

할인이 있으면 나는 살 거예요.

Aku gagal **ujian kerja.**
아꾸 가갈 우지안 끄르자

난 취직 시험에 실패했어.

Aku kehilangan paspor di bus.
아꾸 끄힐랑안 빠스뽀르 디 부스

나는 버스에서 여권을 잃어버렸어요.

Dompétku ketinggalan di kamar.
돔뻿구 끄띵갈란 디 까마르

내 지갑을 방에 두고 왔다.

Di dalam tas ada uang, paspor dan lain lain.
디 달람 따스 아다 우앙,　　　빠스뽀르 단 라인 라인

가방 속에는 돈, 여권, 기타 등이 있어요.

Aku menabrak **tiang lampu.**
아꾸 므나브락 띠앙 람뿌

내가 전봇대를 들이 받았어요.

yang 관계대명사 ◀))

1. yang은 의문사를 강조하기 위하여 많이 사용됩니다.

Apa **yang** dilakukan orang itu
tentang hal itu?

그 일에 대하여
그 사람이 **한 것은 무엇이니?**

Siapa menjemput tamu?
누가 손님을 배웅했니?

Siapa yang menjemput tamu?
손님을 **배웅한 사람은** 누구니?

2. yang은 형용사가 명사를 꾸밀 때 강조하기 위하여 사용합니다.

Saya tinggal **di rumah yang besar.**
나는 큰 집에서 산다.

Dia makan **makanan yang enak.**
그는 **맛있는 음식을** 먹는다.

Anak ini sangat **pintar.** — Anak ini anak **yang sangat pintar.**
이 아이는 매우 똑똑하다.　　매우 똑똑한 아이는 이 아이이다.

Orang yang jujur disukai siapa pun. — Siapa pun suka orang jujur.
정직한 사람을 누구나 좋아합니다.　　누구나 정직한 사람을 좋아합니다.

3. yang 대명사는 두 문장을 연결하는 역할을 합니다.

Dia temanku dari Korea.
그는 한국에서 온 내 친구이다.

Dia tinggal di pusat Jakarta.
그는 자카르타 중심부에 산다.

Dia temanku dari Korea **yang** tinggal di pusat Jakarta.
그는 자카르타 중심에 사는 한국에서 온 내 친구예요.

4. yang 대명사는 주어를 설명하기 위하여 절이나 구를 이끕니다.

Para guru **yang mengajar siswa** selalu datang lebih awal.
(주어 + 설명구 + 서술어) **학생을 가르치는** 선생님들은 항상 먼저 왔다.

Buku **yang dibawa teman** adalah buku saya. 친구가 가져온 책은 내 책이다.
(주어 + 설명구 + 서술어) **(주격 관계절)**

5. yang 대명사는 목적어나 위치구를 설명하기 위하여 절이나 구를 이끕니다.

Saya akan pergi ke Jakarta **yang saya belum pernah kunjungi.**
(주어 + 동사 + 위치 부사 + 위치 관계절)
나는 **내가 아직도 가본 일이 없는** 자카르타로 가려 합니다. **(위치 관계절)**

Dia mencari orang **yang mempunyai kemampuan tentang komputer.**
(주어 + 동사 + 목적어 + 목적구)
그는 **컴퓨터에 대해서 능력을 가진** 사람을 찾았다. **(목적 관계절)**

Saya mendapat surat **yang dikirim temanku.** 나는 **친구가 보낸** 편지를 받았다.
(주어 + 동사 + 목적어 + 목적구) **(목적 관계절)**

6. 그리고 yang이 오는 문장에서는 yang 뒤에 부정사, 조동사, paling 같은 형용 사, 시제 부사 등이 오면 거의 yang 바로 뒤에 옵니다. 수동태 형태와 거의 같습니 다. 문장 속에서 잘 보세요.

Alat **yang sedang** dipakai dia amat berguna.
(주어 + yang + 시제부사, 부정사, 조동사 등 + di 동사+ 3인칭 주어 + 서술어)
그가 **지금** 사용하고 있는 도구는 매우 유용하다.

Dia memperoleh buku **yang sudah** aku kirim.
(주어 + 동사 + 목적어 + yang + 시제부사, 부정사, 조동사 + 1, 2인칭 주어 + 동사)
그는 내가 보낸 책을 이미 받았다.

7. 기타 yang을 사용한 문장을 익혀보세요.

Apa **yang kamu buat?**	네가 만든 것은 무엇이니?
Apa **yang harus kamu lakukan?**	네가 해야 하는 것은 무엇이니?
Apa **yang membuat Anda senang?**	너를 즐겁게 만든 것은 무엇이니?
Siapa **yang mengajak ayah ke Depok?**	아버지께 데뽁으로 가자고 한 사람은 누구니?
Aku membeli hadiah	나는 **가격이 매우 비싼** 선물을 샀다.
yang harganya sangat mahal.	
Pemerintah merékrut orang **yang mempunyai**	정부는 회계부 경험이 있는
pengalaman di bidang akuntansi.	사람을 뽑았다.

8. Orang yang memakai baju berwarna merah adalah temanku dan **orang yang memakai topi** adalah adikku. **Yang** memakai baju berwarna merah adalah **temanku** dan **yang** memakai topi adalah **adikku.**

붉은 색상의 옷을 입은 사람은 내 친구이고, 모자를 쓴 사람은 내 동생이다.

Koper yang jelek ini punyaku, sedangkan **koper yang bagus itu** adikku.
Koper **yang** jelek ini punyaku, sedangkan **yang bagus** itu adikku.

이 안 좋은 가방은 내 것이고, 반면에 **좋은 가방은** 동생 것이다.

상기 문장처럼 yang 앞의 명사는 상황에 따라서 생략할 수 있습니다. 생략을 해도 이상 없이 이해가 되는 확실한 상황일 때, 즉 앞에 선행 문장이 없거나 선행 단어를 생략해도 될 경우에는 yang 자체가 선행사 역할을 한다는 뜻입니다. 그리고 일반 문장에서도 yang은 거의 생략해서 사용할 수 있습니다. **Yang**이 있는 문장에서 **yang**이 없습니다. 생각하고 해석해 보세요. 다만 현지인들은 yang을 거의 사용합니다. 우리도 현지인처럼 하면 좋겠죠? 그러나 해석은 문장에 따라서 앞부분에서 아니면 뒤로 해석하는 것이 좋은지 그때 따라서 판단하세요. 대부분의 문장은 앞에서 해석하는 게 편리합니다.

단 문장 공부

Saya **harus berziarah**
사야 하루스 브르지아라ㅎ

나는 부모님 산소에

ke makam orang tua saya.
끄 마깜 오랑 뚜아 사야

성묘하러 가야 합니다.

Cuaca di sini **sedang tidak menentu.**
쭈아짜 디 시니 스당 띠닥 므는뚜

여기 날씨는 지금 일정하지 않다.

Kadang **panas terik** dan **hujan deras.**
까당 빠나스 뜨릭 단 후잔 드라스

가끔 덥고 햇빛이 따갑고 비가 많이 온다.

Aku sudah lebih baik daripada hari sebelumnya. 나는 그 전날 보다 더 좋아졌어요.
아꾸 수다 르비ㅎ 바익 다리빠다 하리 스블룸냐

누가 안부를 물을 때 위처럼 답하면 괜찮겠죠?

Badanmu dekil **bermandikan debu.**
바단무 드낄 브르만디깐 드부

네 몸은 먼지로 가득 차서 더럽다.

Rupanya **kamu buta mata hati.**
루빠냐 까무 부따 마따 하띠

아마도 너는 마음에 눈이 멀어버린 것 같다.

Baju ini harganya murah,
바주 이니 하르가냐 무라ㅎ,

이 의상의 가격은 싸다.

tetapi modélnya bagus.
뜨따삐 모델냐 바구스

하지만 모델은 멋지다.

Ayahku sudah tua,
아야ㅎ꾸 수다ㅎ 뚜아

내 아버진 이미 늙었다,

tetapi masih semangat berolahraga.
뜨따삐 마시ㅎ 스망앗 브르올라ㅎ라가

하지만 아직도 열심히 운동하신다.

Harga yang naik **bukan beras saja**.
하르가 양 나익 부깐 브라스 사자

오른 가격은 **쌀뿐만이 아니다.**

Hari ini, **sinar matahari** tidak terlalu panas.
하리 이니 시나르 마따하리 띠닥 뜨르랄루 빠나스

오늘, **햇빛은** 그렇게 덥지 않다.

Orang tuaku **berpenghasilan pas-pasan**.
오랑 뚜아꾸 브르뻥하실란 빠스 빠산

내 부모님은 생활하기에 **딱 맞게 돈을 번다.**

Aku **terpaksa** melakukan hal itu **asal asalan**.
아꾸 뜨르빡사 믈라꾸깐 할 이뚜 아살 아살란

나는 **어쩔 수 없이** 그 일을 **대충** 처리했다.

Saya mohon diri, Pak. (Saya duluan, Pak.)
사야 모혼 디리, 빡   (사야 둘루안, 빡)

저는 먼저 실례하겠습니다, 선생님.

Saya menonton TV **tanpa kenal waktu,**
사야 므논똔 TV 딴빠 끄날 왁뚜

나는 **시간도 모르고** TV를 봤다,

sehingga lupa janji.
스힝가 루빠 잔지

그래서 약속을 잊어버렸다.

Aku mau buka rékening.
아꾸 마우 부까 레끄닝

나는 통장을 개설하려고 해요.

Kamu **harus menepati janji.**
까무 하루스 므느빠띠 잔지

너는 **약속을 지켜야 합니다.**

Perintah orang tua **harus dipatuhi**.
쁘린따ㅎ 오랑 뚜아 하루스 디빠뚜히

부모님의 지시를 **따라야 합니다.**

Bekerja **harus sungguh sungguh.**
브끄르자 하루스 숭구ㅎ 숭구ㅎ

일은 **성심성의껏 해야 합니다.**

여기까지 읽는 방법을 단어 아래에 적어 주었습니다. 지금부터는 본인이 직접 읽도록 연습하세요. 녹음된 것을 잘 들으시면서 연습하세요. 이것이 여러분의 실력을 향상시키는 방법입니다. 인도네시아어학당에서는 처음부터 아예 읽는 법을 알려주지 않습니다. 지금부터 혼자 해 봅시다. 처음엔 힘들지만 녹음한 것을 들으시면서 시도해 보세요. 파이팅.

lagi 또, 다시, 더, ~후 등의 의미가 있습니다, ~ **하는 중** (sedang)의 뜻으로도 많이 사용합니다

(시간 + **lagi**) ~ 시간 후에

lima jam lagi (kemudian) 5시간 후

bergaul 어울리다

suatu, sesuatu 어떤 ~한, 어떤 것

tiga bulan lagi (kemudian) 3개월 후

berkencan 애인 사귀다. 데이트하다

berteman 친구가 되다

seorang, seseorang 한 사람, 어느 누군가

Narator, pembaca: Indah, Universitas Indonesia jurusannya sastra Jerman

부사는 특별히 공부할 것도 없이 나오는 단어를 외우는 수밖에 없습니다. 다만 자주 쓰이는 부사와 결합하여 사용하는 부사도 알고 갑시다.

secara + 형용사, dengan + 형용사 : 이 두 결합은 매우 중요하고 자주 쓰입니다.
특히, dengan은 정말 많이 쓰이니 꼭 사전을 보고 그 용도를 충분히 숙지하세요.

 dengan ~을 타고, ~을 가지고, ~을 매고, ~로, ~하면서, ~을 보고(사전을 꼭 찾아보세요)

Temanku memberi buku **dengan gratis**.   내 친구가 책을 **공짜로** 주었다.
Kamu harus memeriksa mesin ini **secara teliti**.   너는 이 기계를 **정밀하게** 검사해야 합니다.

Anda harus memperhatikan sikap tamu   당신은 손님의 태도를 **유심히** 살펴야
dengan saksama.   합니다.

 단어 반복으로 부사의 뜻이 되는 경우가 제법 있습니다. 그때그때 외웁시다.

kira-kira 대충, 대략	kira 생각하다	tiba-tiba 갑자기
tiba 도착하다	diam-diam 비밀스럽게	diam 조용한

Kapan-kapan jika ada waktu **mampir** ke rumahku.   언제든 시간 있으면 집에 **들러라**.

 mampir 단어는 잠깐 들르다 뜻으로 잘 기억합시다.

Tiba-tiba terdengar suara tabrakan dari belakang.   갑자기 뒤에서 충돌 소리가 들렸다.

 많이 쓰이는 부사 단어는 무조건 외우시고 여러 뜻이 있을 수 있으니 꼭 사전을 찾아서 익히세요.

부사 단어

malah, bahkan, justru 더욱이, 오히려   biasanya 보통, 대개

kadang 가끔   tiap setiap 매, 매번

selalu, senantiasa 늘, 항상   memang 정말

apalagi 특히, ~조차도, 더욱이   sering 자주

jarang, langka 드물게   amat, sangat, banget, sekali 대단한, 정말, 매우

terlalu 지나친   mungkin, barangkali 아마도

tentu saja, tentu 당연한   kadang-kadang 가끔

masing masing 각각   juga, pun, pula 또한, 역시

juga, pun, pula **역시, 또한** : 이 단어는 정말 많이 씁니다. 꼭 사전의 예문을 참고하여 숙지하세요.
매우 중요합니다. 반드시 사전을 찾아보시고 상세히 적으면서 외우세요.

Hal ini **dia salah mengerjakan,**   그 일을 그가 **잘못** 처리했는데,

tapi **malah** memarahi aku.   **오히려** 나에게 화를 냈다.

(Dia **yang salah mengerjakan hal ini,** tapi **malah** memarahi aku.)

salah 단어를 동사 앞에 사용하여   **잘못하다** 란 뜻을 회화 시 자주 사용함

mudah 단어는 동사 앞에 사용하여   **쉽게 하다** 할 때 아주 자주 사용함

malas 단어를 동사 앞에 사용하여   **게을리하다** 뜻으로 많이 사용함

rajin 단어를 동사 앞에 사용하여   **부지런하다** 뜻으로 많이 사용함

다른 단어와 함께 많이 사용합니다.
문장에 나올 때 용도를 유심히 살펴보시고 꼭 숙지하세요. 정말 많이 사용합니다.

단 문장 공부

Biasanya sesudah kerja, aku pergi
ke kantin untuk membantu ibu.   보통 일과 후, 나는 엄마를
도우러 식당으로 간다.

Mungkin ayah saya lelah sekali
karena pulang dinas. (bisnis, tugas)   아마도 아버진 출장을 다녀오셔서
매우 피곤하실 거야.

Itu salah satu kegiatan saya. 그것은 내 일과 중에 하나이다.

Adakah kesulitan **yang kamu hadapi?** 네가 직면한 어려움이 있어?

Begitulah nasib orang yang serakah itu. 탐욕스러운 그 사람의 운명은 그러했다.

Kita harus peduli terhadap lingkungan. 우리는 환경에 대하여 관심을 가져야 합니다.

Ia kembali miskin **seperti awal hidupnya.** 그는 그의 삶 처음처럼 다시 가난해졌다.

Kalau tidak percaya peristiwa itu, 만일 그 사건을 믿을 수 없다면,

aku akan membuktikannya. 나는 그것을 증명해 줄 것이다.

Coba bawa ke sini, **aku lihat dulu.** 여기로 가져와 봐라, 내가 먼저 보자.

Dibiarkan begini saja atau harus bagaimana? 이렇게 두자 아니면 어떻게 해야 하니?

Siapa tahu **nanti ada** 누가 아냐 **나중에**

yang membutuhkannya? 그것을 필요로 하는 사람이 있을지?

Aku harus tahu **yang sebenarnya.** 나는 사실을 알아야 한다.

Jika tidak bisa memberikan bantuan matéri, 만일 물질적으로 도움을 줄 수 없다면,

kita bisa memberi bantuan doa. 우리는 기도로 도움을 줄 수 있습니다.

Sebelum menyeberang jalan, 길을 건너기 전에,

biasakan menengok ke kanan kiri. 좌우를 살피는 것을 습관화시켜라.

Aku mengutus salah satu dari meréka. 나는 그들 중에 한 명을 파견 보냈다.

Tadi **cerita yang kamu katakan** benar. 조금 전 네가 말한 얘기는 옳다.

Simaklah petunjuk berikut dengan saksama. 아래 지시를 잘 들어라.

Untuk mencegah hal itu, 그 일을 막기 위하여,

lakukan **petunjuk berikut.** 아래 지시를 시행해 봐라.

Hari demi hari terus berlalu. 하루하루가 계속 지나갔다.

 dari hari ke hari, setiap hari, tiap hari 매일매일, 나날이, 하루하루

Dari sini, **stasiun paling dekat** di mana? 여기서, 가장 가까운 역은 어디 있어요?

Memiliki prasangka buruk tidak benar. 나쁜 선입견을 갖는 것은 옳지 않다.

Jadi. kamu menjadi kesepian. 그러면, 넌 외로워질 거야.

Kakiku **terluka parah.** 내 다리가 심하게 다쳤다.

Aku takut **kakiku tidak bisa sembuh.** 나는 내 다리가 회복되지 않을까 두려웠다.

Aku **tidak pernah bolos**. 나는 **결석한 일이 없다.**
Ibu segera **melerai** kita. 엄마는 서둘러 우리를 **말렸다(화해시키다).**
Orang lain **menjauhi** aku. 다른 사람들은 나를 **멀리했다.**
Kamu **tak usah ikut campur**. 당신은 **엮일(간섭할)** 필요가 없습니다.
Manusia memiliki **lima indera (panca indera),** 인간은 **오감을** 갖고 있습니다,
yaitu mata, hidung, kulit, lidah, dan telinga. 즉, 눈, 코, 피부, 혀 그리고 귀.

Saya langsung pergi ke rumah. 나는 **곧바로** 집으로 갔다.
Kamu mau menemaniku? 너는 나랑 함께 하고 싶어?
Dia meninggalkan **teman yang kesepian**. 그는 **외로운 친구를** 두고 떠났다.
Minta satu buat aku, ya. 나를 위해 **하나 부탁할게.**

Sana, main dulu jangan mengganggu! 저리 가서, 먼저 놀아라 방해하지 말고!
Ibunya **mengulurkan tangan**. 그의 엄마는 **손을 내밀었다.**
Dengan susah payah aku berdiri. 아주 **힘들게** 나는 일어섰다.
Saya menarik napas panjang. 나는 **긴 숨을 내쉬었다.**

|단어 공부|

dengan	함께
sama	함께
hampir	거의
basah	젖은
kalau, jika	만일 ~하다면
setuju, sepakat	찬성
karena	~때문에
ketinggalan	쳐지다, 남겨두다
lain	다른
suka	좋아하는
ada tempat duduk, ada méja kosong	좌석이 있다, 자리가 있다
Jam berapa	몇 시
berapa orang	몇 명
berapa jumlah	얼마의 양
berapa banyak	얼마나 많이
berapa jam	몇 시간

07

시제 부사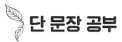

인도네시아어는 시제에 따른 동사의 변화는 없습니다. 동사 앞에 시제를 나타내는 부사를 사용하여 표시합니다.

|시제 부사의 예|

kemarin 어제　　　　　　　　　**hari ini** 오늘

sekarang 지금　　　　　　　　 **bésok** 내일

lusa 모레　　　　　　　　　　 **tadi pagi** 오늘 아침

tadi malam 어젯밤　　　　　　 **nanti malam** 오늘 밤

nanti, kelak 나중에　　　　　　**tadi** 조금 전

baru, baru saja 바로 지금, 방금~하다　**yang akan datang** ~후에, 다가오는

yang lalu 지난

---

 kemarin 어제란 뜻도 있지만 얼마 전이란 뜻으로 많이 표현하니 문장에서 확인하세요.

상기 단어들은 시제를 표현하는 단어들이니 쉽게 생각하고 외웁시다. 다른 시제 단어들은 더 있습니다.

🌿 단 문장 공부

Jasamu **tak mungkin** aku lupakan.　　　너의 공로를 내가 잊는다는 것은 **불가능하다.**

Kebaikanmu **akan aku ingat selalu.**　　너의 친절을 **나는 항상 기억할 것이다.**

Ini **saya bawakan oleh oleh.**　　　　　이것은 **내가 가져온 선물이야.**

Sampaikan salam saya kepada keluargamu.　너의 가족에게 내 안부 전해 주라.

Salamku buat keluargamu.　　　　　　　너의 가족에게 내 안부 전해 주라.

 안부를 물을 때 두 문장 꼭 기억하세요.

Mana dia?　　　　　그는 어디 있니?

Anda suka siapa?　　　당신은 누구를 좋아합니까?

Kenapa, pak?　　　　뭐라고요? 왜요?

(kenapa는 뭐라고요라는 뜻이 있다.)

Kapan musim hujan dan musim kemarau?　　우기와 건기는 언제입니까?

Pilihan kamu **boléh lebih dari satu.**　　너는 **하나 더 선택해도 좋다.**

A : **Apa hubungan** kalian berdua?　　너희 두 사람은 **무슨 관계냐?**

B : Hubungan kita **sepupu.**　　우리는 **사촌 관계야.**

 너희 두 사람 무슨 관계냐고 물어볼 때, 상기 예문 잘 기억하세요.

lebih dari satu 하나 더　　　　　　　**apa hubungan** 무슨 관계

Aku **berjalan mundur.**　　나는 **뒤로 걷는다.**

Lipatkan kertas menjadi dua.　　둘이 되게 **종이를 접어라.**

Tuhan menciptakan semua　　**하나님은** 지구에 있는

yang ada di bumi.　　**모든 것을** 창조하셨다.

Aku agak takut **waktu wawancara.**　　나는 **인터뷰 때** 조금 두려웠다.

Namun, **aku tidak putus asa.**　　그러나, **나는 포기하지 않았다.**

Yang penting,　　중요한 것은, 나는 **이미 용감히**

aku sudah berani mencoba.　　**시도했다는 것이다.**

Hai lihat, **bukankah itu Dela?**　　야 봐라, 저 사람 **델라가 아니니?**

Pada umur berapa kamu mulai bekerja di sini?　몇 살 때 여기서 일하기 시작했니?

Dia **meringis** kesakitan.　　그는 아파서 **얼굴을 찡그렸다.**

Aku tidak pernah mengharap **imbalan.**　　나는 **보답을** 바란 적이 없었다.

Barang ini bagikan **dengan adil.**　　이 물건을 **공평하게** 갈라주어라.

Ketika bermain **jangan curang.**　　게임할 때 (부정) **비겁하게 하지 마라.**

Maaf ya, **aku terlambat mengembalikan hutang.**　　외상을 늦게 갚아서, 미안해.

|단어 공부|

masa depan	미래
orang	사람
harus	해야 한다
coba	시도하다
tebak, **sangka**, **duga**	추측
makanan	음식
makan	먹다
petunjuk, **perintah**	지시, 명령
alami	자연의
alam	자연
paling	제일
suka	좋아하는
bonéka	인형
kalian	너희들

시제 조동사 🔊

인도네시아어는 과거, 미래, 진행형, 등을 표현할 때 akan, mau, sedang, sudah, telah, baru, masih 등 **조동사와 시제부사** 등을 사용합니다. 영어와 같이 복잡하지는 않습니다.

akan, mau ~ 할 것이다	sedang, lagi ~ 하고 있다	mau, ingin ~ 하고 싶다
sudah, telah 이미 ~한	baru, baru saja 이제 막 ~했다	masih 여전히 ~하다

Aku **akan berlibur** ke Bali. 나는 발리로 휴가 **갈 것이다.**
Saya **sedang membuat** mainan. 나는 장난감을 **만들고 있습니다.**
Apakah kamu **sudah menyelesaikan** pekerjaanmu? 너는 네 일을 **마쳤니?**

 mau는 원하다 뜻이 있지만 akan과 같이 ~ 할 것이다라는 뜻으로 더 많이 쓰인다는 것을 명심하세요. 미묘한 차이는 mau는 미래에 ~을 할 것이다라는 의미이고, akan은 ~을 확실히 할 것이다라는 의미입니다.

Sekarang **akan** hujan. 지금 비가 **올 것 같다.** (비올 확률 90%)
Sekarang **mau** hujan. 지금 비가 **올 것 같다.** (강수 확률 50%)
Dia **baru** pergi ke sekolah. 그는 **방금** 학교로 갔다.
Saya **masih** tinggal di Jakarta. 나는 **여전히** 자카르타에 살고 있습니다.

A : Kamu **mau makan** apa? 너 뭘 **먹을래?**
B : Aku **enggak mau makan** karena 나는 입맛이 없어서
　　enggak ada nafsu makan. **안 먹을래.** (먹기 싫어)

A : Ali di mana? 알리 어디 있니?
B : Dia **baru pulang.** 알리는 **바로** 돌아갔어.
A : Kamu ngapain? 너 뭐 하려고?
B : Aku **baru mau pulang.** 나는 **바로** 돌아가려고.

baru saja, baru, barusan 바로, 방금, 지금 　　**tak, tidak, nggak** 같은 뜻으로 사용합니다.

A : Kamu **masih** belum selesai lembur? 　　너는 **여전히** 아직 잔업이 안 끝났어?
B : **Masih** belum. 　　**아직도** 안 끝났어.
A : Kamu sudah mandi, belum? 　　너 목욕했어, 안 했어?

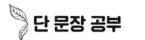 단 문장 공부

|||||||||||||||||||||||||||　　　　　　　　　　|||||||||||||||||||||||||||||||

Saya mau **mengeriting rambutku.** 　　머리 파마하려고요.
Rambut saya mau dikeriting.
Jangan dipotong terlalu péndék. 　　너무 짧게 **자르지 마세요.**

Saya mau mengecat rambut saya. 　　나는 머리를 염색하려고 해요.
Saya mau rambut saya dicat.
Tolong rambut saya dikeramasi dulu. 　　머리를 먼저 감겨 주세요.

Tolong keringkan rambut saya. 　　머리를 말려 주세요.
Tolong diurut lebih kuat. 　　더 세게 **안마해주세요.**

 urut, pijat, pijit 맛사지 하다 로 같이 많이 사용합니다.
mengeriting 염색하다 　　　　**keriting** 곱슬머리
이발소, 미용실, 마사지 샵에 방문 시 잘 사용해 보세요.

Di sini **sinyalnya** kurang bagus. 　　여기에는 **통신 신호**가 좋지 않다.

 sinyal 시냘로 읽으세요.

Aku berusaha menggoda céwék yang cantik itu. 　나는 그 예쁜 **여자를 유혹하려고 노력했다.**
Waktu yang dijanjikan telah tiba. 　약속한 시간이 이미 됐다.
Nasihatnya **sangat menyentuh hatiku.** 　그 충고는 내 마음을 매우 자극했다.

Tidak untuk sendiri. 　혼자를 위한 건 아니다.
Bagaimana nasib kami nanti? 　나중에 우리의 운명은 어떻게 될까?
Dia hilang **entah ke mana.** 　그가 **어디로 갔는지** 모르지만 없어졌다.

Saya mengucapkan terima kasih
yang tak terhingga atas **pengampunanmu**.

저는 **당신의 용서에 대하여 한없는** 감사를 표합니다.

Sebenarnya, aku sedang
agak malas ke luar rumah.

사실, 나는 지금 집 밖으로 나가는 게 **조금 내키지 않아.**

 malas 단어는 조금 내키지 않는다라는 뜻도 가지고 있습니다.

Saya **ingin menurunkan(mengurangi)** berat badan.
Saya **ingin menaikkan** berat badan.
Semua saranmu telah kuturuti.

나는 몸무게를 **줄이고** 싶다.
나는 몸무게를 **늘리고** 싶다.
당신의 모든 제안을 이미 제가 이행했어요.

Aku membalut luka itu dengan perban.
**Untuk mengetahui bagaimana cara
membuat benda ini**, temanmu akan
mencontohkannya.

붕대로 그 상처를 감았다.
**이 물건을 어떻게 만드는지
알기 위해**, 네 친구가
시범을 보여 줄 것이다.

Seperti yang dicontohkan, lakukan
di depan tamu-tamu **secara bergiliran**.

시범을 보여준 것처럼, 손님들 앞에서
교대로 해 보아라.

Urutkanlah (susunlah) barang barang ini
sesuai dengan urutan yang benar.
Tulislah nomor urutan barang.
Usahamu itu **tidak sia-sia**.

이 물건들을 올바른 순서대로
정리하세요.
물건 순서 번호를 적어라.
너의 그 노력은 **쓸데없지 않다**.

Jangan biarkan kantor berantakan.
Katakan **jika ada jawaban yang berbéda**.
Saya akan memberikan contoh. (mencontohkan)

사무실을 어지럽게 **두지 마라**.
다른 답이 있으면 말해라.
내가 예를 들겠다.

Kamu **tidak pantas** berbuat seperti itu!
Percayalah, **saya berkata sesungguhnya**.
Ini **saya kembalikan uangmu**.

네가 그렇게 행동하는 것은 **어울리지 않아!**
믿어라, **나는 진실을 얘기했어**.
이것은 **내가 당신의 돈을 돌려주는
것입니다**.

Matahari baru saja terbit **di ufuk timur**.
Kalau itu maumu, aku menurut saja.

해가 동쪽 지평선에서 방금 떠올랐다.
그것이 너의 바람이라면, 나는 따를
뿐이다.

Maunya begini.
Gambar di bawah ini **serupa, tapi tak sama**.
Saya **belum menentukan** tanggalnya.

Saya **menyerahkannya** kepada polisi.
Carilah informasi dari média massa,
seperti koran atau internet.

Jangan lupa letakkan benda di tempat semula
dengan posisi yang sama.
Kamu pergi ke sana dulu
sampai aku pulang.

Diskusilah **apa saja yang berbéda**
tentang barang itu.

원하는 것은 이러합니다.
이 아래 그림은 유사하지만, 같지는 않다.
나는 날짜를 **아직도 정하지 않았다**.

나는 경찰에 **그를 넘겼다**.
신문이나 인터넷 같은,
종합 매체로부터 **정보를 찾아 봐라**.

같은 위치로 처음 장소에
물건을 놓는 것을 잊지 마라.
내가 돌아올 때까지
네가 저기로 먼저 가라.

그 물건에 대하여 **다른 것이**
무엇인지를 토론하라.

|단어 공부|

status, posisi	신분, 지위
arisan	(모임)계
segi	~측면(주로 물건)
pihak	~측면(주로 사람에 사용)
tradisi, adat	관습, 풍습
membeli	사다
lalu	그리고
menyiapkan	준비하다
keperluan, kebutuhan	필요한 것
kembali	돌아오다
perusahaan	회사
lain	다른
baju	옷

09

의문사 🔊

apa 무엇 : 사물을 물어볼 때 영어의 what

siapa 누구 : 사람을 물어볼 때 영어의 who

kenapa, mengapa 왜 : 이유, 원인을 물어볼 때 영어의 why

kapan 언제 : 시간을 물어볼 때 영어의 when

bagaimana 어떻게 : 상황, 방법을 물어볼 때 영어의 how

berapa 얼마, 몇 : 수량 및 가격을 물어볼 때 영어의 how much

mana 어디, 어느 : 장소와 선택을 물어볼 때 영어의 where

Bulan ini bulan **apa?**	이번 달은 **무슨** 달입니까?
Kamu ingin ambil pakaian **apa?**	너는 **무슨** 옷을 갖고 싶니?
Siapa nama kakakmu?	네 형 이름은 **뭐니?**
Kenapa kamu tidak masuk sekolah?	넌 **왜** 학교 가지 않니?
Kenapa seperti itu?	**왜** 그렇습니까?
Mengapa kalian sedang bertengkar?	**왜** 너희들은 다투고 있니?
Kapan kamu pulang ke Korea ?	**언제** 넌 한국에 돌아가냐?
Bagaimana perasaan Anda tentang Indonesia?	인도네시아에 대한 느낌은 **어떻습니까?**
Bagaimana rasanya?	맛이 **어때?**
Berapa lama kamu tinggal di Indonesia?	인도네시아에는 **얼마나** 사셨어요?
Boléhkah saya minta tolong?	부탁해도 **됩니까?**
Mana yang kamu suka?	**어느** 것을 너는 좋아하니?
Ini dalam bahasa Indonesianya **apa?**	이것은 인도네시아어로 **뭐라고** 해요?
Tahun berapa kamu datang ke Jakarta?	몇 **년도**에 너는 자카르타에 왔니?
Berapa tahun kamu belajar?	너는 몇 년을 공부했니?
Berapa lama kamu akan tinggal di sini?	너는 **얼마나** 오래 여기 살려고 하니?

Apakah 는 의문사가 없는 문장에서 ~ **입니까** 의미로 문장의 문두에 옵니다.

이 의문문의 대답에서 긍정의 대답은 **ya**이고 형용사, 동사를 부정할 때는 **tidak,** 명사를 부정할 땐 **bukan** 을 씁니다. 항상 **명사 부정**, 절이나 구의 부정은 **bukan**, 동사, 형용사 부정은 **tidak** 로 기억합시다.

 평서문에서 문장 끝을 올려서 발음하여 의문문을 표현할 수도 있습니다.

 조동사 뒤에 ~**kah**가 접미 되어 의문문을 만들 수도 있습니다.
자주 사용되니 유용하게 사용하세요.

haruskah 해야 하나요?	maukah ~하고 싶어요? 하려고 합니까?
boléhkah 해도 됩니까?	bisakah 할 수 있어요?

Maukah kamu ikut aku ke toko buku?   너는 책 가게로 가는 나를 따라가고 **싶니?**
Bisakah kamu membuat alat ini?   너는 이 도구를 만들 **수 있니?**
Haruskah saya minum obat ini?   나는 이 약을 먹어야 **하니?**
Boléhkah aku masuk ke sana?   내가 거기로 들어가도 **됩니까?**

A : Boléh ambil berapa?   얼마만큼 가져도 됩니까?
B : Berapa saja boléh. Semau kamu.   얼마든지 괜찮다. 네가 원하는 만큼.

 bukan은 부가 의문문을 만든다, 다만 문장 끝에 옵니다.

Kacamata ini bagus, **bukan?**   이 안경 좋다, **안 그래?**
Topi itu mahal, **kan?**   그 모자는 비싸다, **안 그래?**

 bukan의 줄임말로 **kan**으로 쓸 수가 있습니다.

Ayahmu **kan sibuk.**   네 아버지는 **바쁘시잖아.**
Jangan mengganggu ayah.   아버지를 방해하지 마라.

Kan은 주어 뒤에 오면서 ~잖아라는 뜻을 가집니다.
아래 단어를 잘 외우세요. 예문은 본문에서 보도록 합시다.
siapa saja 누구든지   **siapa siapa** 아무도, 누구도
kapan saja 언제든, 언제나   **kapan kapan** 언제 한번, 언젠가
di mana saja, di mana mana 어디 어디에, 어디든지
apa saja, apa pun 무엇들을, 무엇 무엇을, 아무것이나,   **apa apa** 아무것도

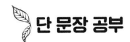

Tingginya sekitar 165 cm.   그녀의 키는 대략 165cm이다.

Rambutnya **ikal** sebahu.   머리카락은 **곱슬**이고 어깨까지 내려왔다.

Lina **punya tahi lalat** di bibir kanan.   리나는 오른쪽 입술에 **점이 있습니다.**

Tinggalkan saja aku sendiri.   나를 혼자 **있게 해줘.**

Biarkan saja **aku ingin sendiri.**   그냥 둬 **혼자 있고 싶어.**

Tolong berikan kesempatan kepadaku sekali lagi.   저에게 한 번 더 **기회를 주세요.**

Tolong dicek benar atau salah.   맞았는지 틀렸는지 **확인해 주세요.**

A : Saya lihat **kamu di depan kedutaan besar Korea** tadi siang.   나는 오전에 **한국 대사관** 앞에 있는 너를 봤어.

B : Saya tidak tahu **apa yang kamu katakan.**   나는 네가 무슨 말을 하는지 모르겠어.
     Aku saat itu ada di Bogor.   나는 그때 보고르에 있었어.

 dubes(**Duta Besar**의 준말) 대사

Aku tidak tahu **apa yang harus aku katakan,** karena **ucapanmu** sulit.   나는 너의 **말이** 어려워서, **뭐라고 말해야 할지** 모르겠어.

Angin **berembus sepoi sepoi.**   바람이 **살랑살랑 불고 있다.**

Bicaralah **dengan tidak tergesa gesa,** tetapi juga **tidak terlalu lambat.**   서두르지 말고 얘기해라, 그렇다고 또한 **너무 천천히 하지 마라.**

 terburu buru, tergesa ges, bergegas 서두르다

Aku tak tahu **selain itu.**   나는 그 외에는 몰라.

Berapa kali sehari obat tersebut diminum?   그 약은 하루에 몇 번 먹습니까?

Aku menguap karena mengantuk.   나는 졸려서 하품했다.

 하품하다 표현 잘 기억하세요

Maaf, **tolong katakan sekali lagi**.
Aku tak dapat mengerti.
Numpang tanya!

미안하지만, **한 번 더 말해주세요**.
난 이해할 수 없어요.
뭐 좀 물어볼게요! (길을 물어볼 때)

Apa pun itu bilang (katakan) saja.
Mau pergi (ikut) sama aku?
Boléh saya **ikut mengobrol?**

그것이 무엇이든 말해보세요.
나와 같이 갈래?
내가 **같이** 얘기해도 되니?

Maaf ya, **aku merepotkan**.
Aku tak mengenal dia **sama sekali**.
Kalau tahu ceritakan pada saya.

미안해, 내가 **귀찮게 해서**,
나는 그를 **전혀** 몰라요.
만일 아신다면 제게 말씀해 주세요.

A : Ini **dibuat dari apa?**
B : Itu **terbuat dari** kayu.

이것은 **무엇으로 만들어졌어요?**
그것은 나무로 만들어졌어요.

A : Boléh saya tanya **apa alasannya?**
B : Tentu boléh.
　　 Aku akan jawab **sebisa mungkin**.

그 이유가 뭔지 물어봐도 됩니까?
당연하죠.
할 수 있을 만큼 답할게요.

A : Kenapa kamu **begitu cantik?**
　　 Kamu operasi atau keturunan?
B : Ha ha ha. **Mukaku (wajahku) asli.**
　　 Orang tuaku **tampan dan cantik.**

너 왜 **그렇게 예쁘니?**
너 **수술했어** 아니면 유전이니?
하하하. **내 얼굴은 원래 얼굴이야.**
부모님이 **잘생기고 예쁘셔.**

|심층 공부|

bagaimana kalau 어떻게 하면 좋은지 물어볼 때 사용, 선택을 요구합니다
cukup 충분하다　　　　　　**mas** 는 남자 종업원을 부를 때
mbak 여 종업원　　　　　　**sama** 단어는 **dengan, pada, kepada**의 뜻으로 많이 사용합니다
putus 헤어짐(연인과 헤어질 때)　　**bercerai** 이혼하다
berpisah (친구와의 만남 또는 교제) 헤어지다
Hampir waktunya berpisah 거의 헤어질 시간이다
KITAS(Kartu Izin Tinggal Sementara) 외국인이 거주하기 위해 취득하는 1년 기간의 비자이며,
매년 연장해야 합니다

|단어 공부|

dengan	함께
sama	함께
hampir	거의
basah	젖은
kalau, jika	만일 ~하다면
setuju, sepakat	찬성
karena	~때문에
ketinggalan	쳐지다, 남겨두다
lain	다른
suka	좋아하는
ada tempat duduk, ada méja	좌석이 있다, 자리가 있다
kosong	비어 있는, 없는
Jam berapa	몇 시
berapa orang	몇 명
berapa jumlah	얼마의 양
berapa banyak	얼마나 많이
berapa jam	몇 시간

명령문, 권유문 🔊

Narator, pembaca: Mini, Mahasiswa UI jurusannya bahasa Korea

1. 단순 동사의 명령문은 동사의 원형만 사용하거나 동사에 ~lah을 붙여서 말하면 됩니다.

Makan! makanlah!	먹어라!
Makan banyak **tanpa sisa!**	**남김없이** 많이 먹어라!
Masuk! Masuklah!	들어와라!
Tidurlah cepat. Besok kamu **bangun kesiangan**.	빨리 자거라, 내일 늦게 일어난다.

2. 부정 명령문은 동사 앞에 jangan 단어를 붙이면 됩니다.

Jangan menyanyi (bernyanyi) di rumah.	집에서 노래 부르지 마라.
Jangan masuk **ke tempat yang dilarang!**	금지된 곳으로 들어 가지 마라!

3. 명령문에서 me 동사는 타동사일 경우는 me를 생략합니다. me 동사는 대부분이 타동사입니다. lah를 붙여주면 더 좋습니다.

Buka jendela lébar lébar	창문을 넓게 열어라
agar angin segar bisa masuk.	맑은 공기가 들어올 수 있도록.
Tutup jendéla itu agar tidak masuk debu.	창문을 닫아라 먼지가 들어오지 않도록.

4. 명령문에서 me 동사가 자동사일 경우는 me를 사용해야 합니다. me 동사가 자동 사인 경우는 그리 많지 않으니 걱정하지 마세요.

Menyanyilah **di depan péntas!**	무대 앞에서 노래 불러라!
Jangan merokok di sini!	여기서 담배를 피우지 마라!

5. ber 동사의 명령문은 ber 접두사를 붙여 사용합니다. lah를 붙여 주면 더 좋습니다.

Berjalanlah di tepi jalan! (di pinggir jalan!)	길 언저리로 걸어가라!

Belajarlah dengan keras 열심히 공부해라
agar cita citamu berhasil. (tercapai) 네 꿈이 이루어지도록.

6. 특히 ~kan이 붙는 명령문은 ~하게 하다라고 하는 뜻을 거의 내포하고 있고 me 접두어는 생략합니다.

datangkan 오게 하라   tidurkan 재워라   dudukkan 앉혀라
tuangkan 부어라   masukkan 넣어라
panggilkan 불러주다   bukakan (bukain) 열어주다, 열어라

Tuangkan air itu ke dalam émbér. 물통에 물을 부어라.

 me~ kan 동사는 **kan** 대신에 **in**을 붙여서 많이 사용합니다.

Dudukin anak itu di atas kursi.   의자에 **아이를 앉혀라.**
Masukin beras itu ke dalam kotak di dapur.   부엌에 있는 통에 **쌀을 넣어라.**

7. 권유, 부탁 문장에서는 silahkan, tolong, mari, mari kita, coba 단어를 문장 앞에 사용합니다.

Silahkan masuk!   Silahkan makan!   Silahkan menyanyi!
들어오세요   식사하세요   노래해 보세요

Coba cicipi!   Tolong bantu!   Coba pegang buku sejenak!
맛 좀 보세요   도와주세요   잠시 책을 잡아 보세요

Mari kita pergi ke mal untuk membeli **kacamata renang.**
우리 물안경을 사러 백화점으로 갑시다.

8. Jangan과 Dilarang의 비교

Jangan merokok di sini!   여기에서 담배 피우지 마라! (부정 명령)
Dilarang merokok di sini!   여기에서 담배 피우는 것은 금지되어 있다! (금지 명령)

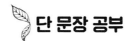

Manusia harus bertanggung jawab
atas apa yang dikatakan.

인간은 **말한 것에 대하여**
책임을 져야 합니다.

Di mana **dolar bisa ditukar?**
Berapa kurs hari ini?

어디서 **달러를 환전할 수 있나요?**
오늘 **환율은 얼마죠?**

A : **Bisa hubungi** Mr. Kim?
　　(**Bisa bicara** sama Mr. Kim?)

미스터 김과 **통화할 수 있나요?**

B : **Tunggu sebentar**, aku cek dulu ya.
　　Dia sedang berbicara. (Dia lagi telepon)
　　Anda salah sambung.
　　Dia sedang keluar. (Dia lagi pergi).

잠깐 **기다리세요**, 제가 먼저 체크할게요.
그는 지금 **통화 중이에요.**
전화 잘못 거셨어요.
그는 지금 **외출 중이에요.**

 전화 통화 시 간단한 상황입니다. 무조건 알아야 합니다.

Tidak boléh masuk ke sini.
Karena ini **kawasan dilarang masuk**.
Boléh saya keluar sebentar?
Karena temanku datang.

여기 **들어오면 안 됩니다.**
여긴 **출입 금지 구역이기** 때문이에요.
잠시 외출해도 됩니까?
친구가 와서 그래요.

Apa sih?
Kenapa sih?
Bagaimana sih?

뭐지? 뭐야?
왜지? 왜 그래?
어떻게 하지? 어떻게 된 거야?

sih 붙여서 조금 기분 나쁜 기분으로 강조를 나타냅니다. 회화 시 많이 사용합니다.

Sekarang **waktunya berpisah.**
Kapan kapan datang kalau ada kesempatan.
Kapan saja saya akan menyambut
dengan senang hati dan **hangat**.
Boléh mengunjungi **sewaktu waktu**.

이제 **헤어질 시간이네요.**
기회 있으면 **언제든** 오세요.
언제든지 저는
기꺼이 열렬하게 환영할게요.
언제든지 방분해도 됩니다.

kapan saja, kapan kapan, sewaktu waktu 언제든지
헤어질 때 많이 쓰겠죠. 잘 익히셔야 합니다.

Tekanan darahku sangat tinggi.   내 혈압은 매우 높아요.
Rasanya mual dan suhu badanku tinggi.   구토 증세도 있는 것 같고 체온이 높아요.
Ingus sering keluar dan batuk.   콧물이 자주 나오고 기침을 해요.
Tolong panggilkan ambulans sekarang.   지금 구급차 불러 주세요.

 혈압과 체온 증상을 설명하고 있습니다. 단어 잘 외우세요.

Saya **anak bungsu**.   저는 **막내에요.**
Saya **anak sulung**.   저는 **장남이에요.**
Saya **anak tunggal.**   저는 **외동아들입니다.**
Saya **anak ketiga** dari 5 bersaudara.   저는 5형제 중 **셋째입니다.**

Tolong berikan waktu beberapa hari   의논하도록
untuk diskusi.   **며칠간 시간을 주세요.**

Saya pasti **harus membahas (diskusi)**   저는 사장님과 반드시
dengan diréktur.   **의논해야 합니다.**

 sesuka hatimu 너 마음대로   **membahas, berdebat, berdiskusi** 의논하다

Tolong kasih tahu **kondisi apa pun**.   어떤 상황이든 알려주세요.
Lebih penting tindakan daripada ungkapan. 말보다 행동이 더 중요합니다.

 ucapan, ungkapan, perkataan, kata kata 말

Tidak usah mencampuri urusan itu.   그 일에 **엮일 필요가 없습니다.**
Jangan bocorkan rahasia itu.   비밀을 누설하지 마라.
Usahakan sebaik mungkin.   최선을 다하세요.
Lakukan usaha yang terbaik.   최선을 다하세요.
Jangan keras kepala.   고집 피우지 마세요.
Jangan berkepala batu.   고집 피우지 마세요.

 상기 문장들은 교훈으로써 사용할 수 있지요.

Saya tidak tahu **bagaimana harus menyelesaikan masalah itu**.
Minta semua penjelasan kepada gurumu.
Jangan letakkan (taruh) barang sembarangan.

저는 그 일을 어떻게 해결해야 할지 모르겠어요. (끝내야 할지)
너의 선생님께 **모든 설명을 부탁해라.**
물건을 아무 데나 **두지 마라.**

|단어 공부|

medan perang	전쟁터
alat persatuan	통일기구
bahasa persatuan	통일 언어
zaman purba	옛날시대
cangkir	커피잔
industri rumah tangga	가내 공업
prosés penyambunganan(Keamanan)	연결 과정
adat istiadat (kebiasaan)	관습, 풍습
sabuk pengaman	안전벨트
rata-rata	평균, 일률적으로
kaléng	캔
barang bawaan	수화물
suara desing	윙윙하는 소리
paduan suara	합창

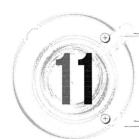

수량사 🔊

인도네시아어는 숫자를 이야기할 때 **수량사** 단어를 사용합니다. 물론 회화 중엔 생략하여 사용 할 때도 많지만 수량사의 용도를 알아두세요.

dua **orang** 두 명 : 사람을 셀 때 　　　　　　　lima **ekor** 다섯 마리 : 동물을 셀 때

tiga **helai** 세 장, 세 벌 : 옷, 종이 등을 셀 때

potong 빵 조각을 셀 때　　　buah 차, 집, 책 등　　　tangkai 꽃다발 헤아릴 때

bidang 땅, 천을 셀 때　　　biji 씨앗 등　　　pasang 신발, 장갑의 짝

batang 나무 그루 셀 때　　　pucuk 편지나 무기　　　butir 알맹이, 작은 구슬 등

 buah 단어는 보통 대부분의 물건에 셀 때 사용해도 무방하니 잘 모르면 **buah** 단어를 써도 됩니다. 가능하면 정확한 수량사를 쓰면 좋겠죠.

Aku membawa **sebuah roti** dari rumah.　　　나는 집에서 **빵 하나**를 갖고 왔다.

 sepotong roti 가 더 정확하지만 사용 가능합니다.

Dua orang pencuri mencuri dompet
di dalam kereta api.
Pamanku membelikan **sepasang sepatu**
dan **dua tangkai bunga** sebagai hadiah.
Dua ekor kucing sedang dikejar
oleh **seekor anjing.**

두 **명의** 소매치기가
열차 안에서 지갑을 훔쳤다.
삼촌께서 선물로 **신발 한 켤레**와
두 송이 꽃을 사주셨다.
두 마리의 고양이가
한 마리의 개에게 쫓기고 있습니다.

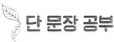 단 문장 공부

Tidak semua orang mempunyai **banyak
kemampuan** seperti kamu.

모든 사람이 너처럼
많은 **능력**을 가진 것은 아니다.

Manusia mempunyai **kelebihan**
dan **kekurangan** masing masing.

사람은 각각 **장점과**
단점을 갖고 있습니다.

Makan waktu berapa lama dari sini ke Dmal
dengan jalan kaki?

여기서 디몰까지 걸어서
얼마나 걸립니까?

Butuh waktu berapa lama ke Surabaya
naik pesawat atau Keréta api?

수라바야까지 비행기나
열차를 타고 **얼마나 걸려요?**

Berapa lama ke bandara Soekarno-Hatta
dengan taksi?

택시로 수까르노 하타공항까지
얼마나 걸려요?

시간이 걸리다 표현 잘 익히세요.

Dia menghilang **tanpa jejak**.

그는 흔적도 **없이** 사라졌다.
(물건의 흔적은 bekas)

Pilihlah mana yang baik dan mana yang buruk

어느 것이 좋고 나쁜지를 골라라.

Dia orang mana? (berasal dari mana)
Tolong ke atas sebentar.
Dia sudah turun ke bawah.

그는 어디 사람이에요?
잠시 위로 올라오세요.
그는 이미 아래로 **내려갔습니다.**

Ayu melompat(terjun) ke dalam kolam.
Kamu lebih baik menunggu di luar kantor.

아유는 연못 안으로 **뛰어들었다.**
당신은 사무실 밖에서 기다리는 게
더 좋겠습니다.

Ini untukku,
yang itu untukmu.

이것은 나를 위한 것이고,
그것은 너를 위한 것이다.

Dalam waktu 3 jam Ayu akan sampai.
Jangan mempermalukan teman
di depan orang lain.

세 시간 안에 아유는 도착할 것이다.
다른 사람 앞에서
친구를 무안 주지 마라.

Itu urusan nanti. (Itu urusan belakangan.)
Dari sana **berapa orang** yang akan datang?
Sediakan hadiah bagi pemenang.

그것은 나중 일이다.
거기서 **몇** 사람이 올 거니?
우승자를 위하여 선물을 준비해라.

A : Kenapa kamu tiba-tiba **mampir** ke sini?
B : Saya **kebetulan** mampir ke sini.
A : **Aku tidak mengira** kamu datang ke sini.

왜 너는 갑자기 여기 들렀니?
나는 **우연히** 여기 들렀어.
나는 네가 여기 올 거라고 **생각 못 했어.**

A : Kamu lembur lagi ya.　　　　　　　　　　너 또 잔업하는 구나.

B : Hari ini sampai di sini saja.　　　　　오늘은 여기까지 하자.
　　(Sekian saja untuk hari ini.)

A : Nah, **Saya juga ingin begitu.**　　　　그래, 나도 그렇게 하고 싶어
　　Tapi apa boléh buat,　　　　　　　그런데 어떻게 하니,
　　masih banyak pekerjaan **yang tersisa.**　남은 일이 아직 많은데.

Kantor pos **jauh dari sini.**　　　　　　우체국은 여기서 멀다.
Apa **yang ada di dalam tasmu?**　　　　당신 가방 속에는 무엇이 있습니까?
(Ada apa **di dalam tasmu?**)
(Di dalam tasmu ada apa?)　　　　　　　당신 가방 속에는 무엇이 있습니까?

세 가지 표현 잘 익히세요.

Jika terjadi masalah, **silakan datang lagi.**　만일 문제가 발생하면, **또 오세요.**
(Jika ada masalah, silakan datang lagi)

Aku membedaki mukaku.　　　　　　　나는 내 얼굴에 **분을 발랐다.**
Koporku sesak dengan beberapa macam barang.　내 가방은 몇 가지 종류의 물건으로 **꽉 찼다.**
Aku cepat **mengelap (mengusap)** mukaku.　나는 빨리 내 얼굴을 **닦았다.**
Untung, **masih sempat.**　　　　　　　다행히, **여전히 시간이 있었다.**
Ali ikut-ikutan mendesak.　　　　　알리는 경솔하게 재촉했다.

|심층 공부|

melakukan, melaksanakan ~을 처리하다, ~을 행하다
berkelahi, berantem 행동으로 싸우다
bertengkar, bercekcok 말로 싸우다
tidak bisa makan, tidak kuat makan 음식을 잘 못 먹는다
tidak begitu suka, tidak terlalu suka 그렇게 좋아하지 않는다
banget은 사투리로 sangat, amat, sekali 매우란 뜻으로 많이 사용합니다
sangat, amat 은 주로 문장 중간에 사용, banget, sekali 문장 끝에 주로 사용합니다
mengandung, hamil 임신하다　　　ASI (아시로 발음)모유는 air susu ibu의 준말
설명하다 단어는 menjelaskan, menerangkan, menyatakan, menguraikan 등이있습니다
benda, barang 물건　　　　　　　produk 상품
produksi 생산　　　　　dengan saksama 유심히 듣다의 의미 (세밀히, 주의 깊게)
dengan teliti 유심히 검사해보다의 의미 (세밀히, 주의 깊게)
di antara, antara ~ 사이에 antara lain 예를 들면, ~사이에

숫자 공부 🔊

여기서 숫자 공부를 하도록 합시다. 인도네시아어는 숫자 공부가 **듣기도 힘들고 말하기도 제일 힘든 것 같아요.** 힘들지만 잘 극복해 나가 봅시다.

필히 숫자는 삶에서 없어서는 안 되는 존재이니 열심히 공부하셔야 합니다. 연습을 많이 하세요.
100.000.000.000
숫자 단위는 (.) 마침표로 사용하고, 소수점은(,) 쉼표를 사용합니다.

십 단위 puluh	백 단위 ratus	천 단위 ribu
백만 단위 juta	십억 단위 miliar	조 단위 triliun

|숫자 공부|

0 : **nol atau kosong**

1 : **satu**	8 : **delapan**	15 : **lima belas**
2 : **dua**	9 : **sembilan**	16 : **enam belas**
3 : **tiga**	10 : **sepuluh**	17 : **tujuh belas**
4 : **empat**	11 : **sebelas**	18 : **delapan belas**
5 : **lima**	12 : **dua belas**	19 : **sembilan belas**
6 : **enam**	13 : **tiga belas**	20 : **dua puluh**
7 : **tujuh**	14 : **empat belas**	

11부터 19까지는 **belas**가 뒤따른다. satu 단어는 다른 숫자와 함께 쓰일 때는 se를 붙여 사용합니다.
sebelas(십일), sepuluh(십), sejuta(백만), seribu(천), seratus(백)처럼
belas는 십이란 뜻도 있고 **연민, 동정**이란 뜻이 있습니다.

20이상 99까지는 아래 요령과 같습니다. 너무 신경 쓰지 마세요. 앞으로 문장 속에서 많이 나오니 원리만 알고 넘어 갑시다.

20 : **dua puluh**   21 : **dua puluh satu**
22 : **dua puluh dua**   29 : **dua puluh sembilan**
30 : **tiga puluh**   31: **tiga puluh satu**
35 : **tiga puluh lima**

99 : **sembilan puluh sembilan**   100 : **seratus**
134 : **seratu tiga puluh empat**   1.000 : **seribu**
1.567 : **seribu lima ratus enam puluh tujuh**
10.000 : **sepuluh ribu**
18.125 : **delapan belas ribu seratus dua puluh lima**
100.000 : **seratus ribu**
197.615 : **seratus sembilan puluh tujuh ribu enam ratus limabelas**
1.000.000 : **sejuta**
1.539.462 : **sejuta lima ratus tiga puluh sembilan ribu empat ratus
              enam puluh dua**
10.000.000 : **sepuluh juta**
56.876.234 : **lima puluh enam juta delapan ratus tujuh puluh enam ribu dua
               ratus tiga puluh empat**

puluhan. ratusan, jutaan처럼 숫자 뒤에 an이 붙으면 **수십, 수백, 수백만**처럼 많은 수를 나타냅니다.

첫 번째, 두 번째 등 순서를 표시하는 **서수를** 표시할 때는 **yang ke**를 숫자 앞에 붙여서 사용합니다.
첫 번째는 예외로 **pertama**를 사용 **yang**은 생략이 가능합니다. 가능하면 **yang**을 쓰는 습관을 들이세요.

첫 번째 : (yang) pertama   두 번째 : (yang) kedua   세 번째: (yang) ketiga
아홉 번째: (yang) kesembilan   열 번째 : (yang) kesepuluh

열 번째 이상은 많이 안 쓰니 열 번째 정도만 열심히 하세요. 요령은 같습니다.

숫자는 이정도 하기로 하고요. 더 필요한 것은 본문에 계속 나오니 그때그때 익히세요.

분수 표시는 1/2: seperdua, setengah (setengah 를 많이 씀)
            1/3: sepertiga 1/7: sepertujuh처럼 se + per + 숫자를 붙여서 사용하세요.
            se는 하나란 뜻이죠? 무조건 외우세요.

satu가 숫자와 결합하면서 se로 바뀐다는 걸 기억하세요. 이때 se는 붙여 씁니다.
per를 분수 표시로 생각하시고 이해하세요.

분자가 2 이상일 경우

2/3: dua pertiga   5/2: lima perdua

4/9: empat persembilan 표현하고 쓸 때는 띄어씁니다. 읽을 땐 같습니다.

소수는

3, 45 tiga koma empat lima

0, 68 nol koma enam delapan

6,293 enam koma dua sembilan tiga

소수점을 koma (,)를 사용하고 소수점 뒤를 읽을 때 숫자 하나 하나를 읽습니다.

+ = tambah, plus   - = kurang, minus

× = kali   ÷ = bagi

= sama dengan이나 menjadi 로 씁니다

% = persén

3 + 6 = 9   Tiga tambah enam **sama dengan (menjadi)** sembilan.
            삼 더하기 육은 구**와 같다.**

56 - 3 = 3   Lima puluh enam kurang tiga **menjadi** lima puluh tiga.
             오십육 빼기 삼은 오십삼**이 된다.**

6 × 4 = 24   enam kali empat **sama dengan** dua puluh empat.
            육 곱하기 사는 이십사**와 같다.**

12 ÷ 2 = 6   duabelas bagi dua menjadi enam.
            십이 나누기 이는 육**이 된다.**

괄호 표시(   )는 kurung , kurung buka 는 괄호 열고 kurung tutup 은
괄호 닫고의 뜻입니다. 쓸 기회가 잘 없으니 있다는 것만 알고 갑시다.

 숫자는 읽고 듣는 연습을 많이 하세요. 인도네시아인과 연습하세요.

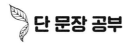
Akhirnya lampu menyala lagi **setelah padam selama 60 detik.**

드디어 등이 60초 동안 꺼진 후에 다시 켜졌다.

Masa kamu tidak tahu!

네가 모르다니!

Saya **mendistribusikan(mengirimkan)** barang-barang itu ke luar negeri.

나는 그 물건들을 외국으로 **배달했다.**

Kamu **boléh putuskan** masalah ini sendiri.
Tidak ada apa pun yang ingin aku katakan.
Tidak ada siapa pun yang mengalah.
Jangan membuang sampah di kali (sungai).

너는 이 문제를 혼자 **결정해도 좋다.**
내가 하고 싶은 말은 **아무것도 없습니다.**
양보하는(항복하는) 사람은 **누구도 없습니다.**
강에 **쓰레기를 버리지 마라.**

 siapa, apa 단어가 주어가 되면 거의 **yang** 대명사가 뒤따릅니다. 명심하시고 문장을 잘 살펴보세요.
kali 좁은 강 　**sungai** 강 　**kali** 는 몇 번, 몇 회, 곱을 뜻하는 경우가 많습니다.

Tolong **ambilkan** buku itu.

그 책 좀 **집어 주라.**

 mengambilkan 은 가까운 걸 집어주다 　**membawakan** 먼 것을 가져다주다

Apa guna mésin itu?
Aku **berteriak minta tolong.**
Mengapa kamu ada di situ?
Saya menunggu **teman datang menjemput.**

그 기계 용도가 무엇이니?
나는 소리치면서 도움을 청했다.
왜 넌 거기에 있니?
나는 마중하러 올 친구를 기다린다.

Tidak boléh sembarangan.

함부로 해서도 안된다.

Sebagai langkah awal,
saya menyusun **naskah pertanyaan.**

첫 조치(단계)로,
나는 질문 원고를 정리했다.

Belajar **tidak ada batas waktunya.**
Kamu belum tahu siapa aku.
Dua pertiga **dari luas Korea** adalah Gunung.

공부는 그 시간제한이 없다.
내가 누군지 너는 아직 모른다.
한국 면적의 삼분의 이는 산이다.

70% dari luas Korea **terdiri dari gunung**. 한국 면적의 **70%**가 산으로 **되어 있다**.

Ini saja yang bisa aku sampaikan. **이것만이** 내가 전해 줄 수 있는 것이다.

Ternyata obat yang aku minum **sangat mujarab**. 사실 내가 마신 약은 **아주 효험이 있다**.

Aku tak mau berteman denganmu. 난 너와 친구가 되고 싶지 않다.

Aku tidak mau **mengakui kesalahanku**. 난 **나의 잘못을 인정하고** 싶지 않다.

Kamu **sahabat dekatku. (karib, akrap)** 너는 **나의 가까운 친구이다**.

A : Kapan kamu **bisa tiba** di sini? 언제 너는 여기 **도착할 수 있니?**

B : **20 menit kemudian**, **20분 후에**,

aku bisa sampai ke sana. 난 거기 도착할 수 있어.

Butuh waktu hanya 20 menit. 단지 20분 **걸려**.

Pukul berapa kamu berangkat? **몇 시에** 너는 출발하니?

Mata uang koréa apa? **한국 화폐는** 뭐냐?

Mata uang Koréa adalah won. **한국 화폐는** 원이라고 합니다.

Teman itu adalah **teman yang istimewa.** 이 친구는 **특별한 친구야**.

Hai, temani aku bermain, dong! **야, 나와 같이 놀자!**

Tapi, jangan sekarang. 그러나, 지금은 아냐.

Setiap pagi **ibu membangunkanku**. 매일 아침 **엄마는 나를** 깨웠다.

Ayo, ganti bajumu. **Bajumu basah ya.** 자, 옷을 갈아입어라. **네 옷이** 젖었네.

Aku **membuka mata**. 나는 눈을 떴다.

Aku menutup mata. 나는 눈을 감았다.

Waktunya pulang kerja. (Saatnya pulang kerja)   퇴근할 시간이야.

Aku **sendiri bergumam**. 나는 혼자 중얼거렸다.

Aku melihat **mobil mogok**. 나는 고장 나서 서 있는 차를 보았다.

Pikiranmu sama dengan saya.

Ayo, aku **jemput** kamu, ya.

Dia pergi **tanpa pamit.**

Dia pulang **tanpa salam.**

네 생각은 나와 같다.

내가 널 **마중 나갈게.**

그는 **인사 없이** 갔다.

그는 **인사 없이** 돌아갔다.

|심층 공부|

membersihkan 청소하다

menurut, mengikuti, mematuhi, menaati ~을 따르다. 단어를 잘 기억하세요.

menurut kamu 너의 생각에는

menurut sejarah 역사에 따르면

kondisi 상황, 상태, 증상

untung 운, 행운의, 운명, 이득, 이점이란 듯도 있지만 **다행히, 운 좋게도** 란 뜻으로 자주 쓰입니다.

perhatian, kepedulian 관심

menurut kabar 뉴스에 의하면

gawat, parah, berat 병이 심한, 병이 위험 한

gejala 병의 증상 (의사가 물을 때)

동사 공부 🔊

동사는 **ber~** 동사와 **me~** 동사, 접두어가 없이 동사 원형으로만 **동사 역할**을 하는 **단순동사** 세 가지가 있습니다.

대부분의 단어에 **Me** 접두어나 **ber** 접두어를 붙이면 동사가 된다는 것을 기억하세요.

❖ Ber 동사

ber + 어근 = 동사　　　　　대부분의 ber 동사는 어근의 뜻과 관련이 있습니다.

ber 동사는 먼저 **명사**와 결합하여 **소유하다, ~을 타다, ~을 하다, 행동하다, ~을 쓰다, 사용하다, 착용하다, ~한 감정을 느끼다, 시간을 보내다, 기뻐하다, 휴가 보내다** 등 자동사의 의미를 갖고 있습니다. 여러 가지 뜻이 있으니 정말 중요하겠죠? 단어 원형의 뜻이나 문맥을 통하여 생각해 보면 의미를 알 수 있지만 대화 중엔 그럴 여유가 없잖아요. 그러니 무조건 외우세요. 그리고 ber 동사는 **명사의 의미를 동사화합니다.** 문장의 상황에 따라서 잘 판단하여 사용하세요. 또 다른 뜻이 있으면 몇 단어 안되니 외우세요.

1. Teman saya **berumah** méwah di Pondok Indah. **(소유의 뜻)**
   내 친구는 폰독 인다에 화려한 **집을 갖고 있습니다.**

   beristri 부인이 있는　　　　　beragama 종교가 있는

2. Orang yang **berkacamata** di depan toko itu siapa? **(쓰고 있다, 착용하고 있다)**
   가게 앞에 **안경을 쓰고 있는** 사람은 누구냐?

   bertopi 모자를 쓰다　　　　　berpakaian 옷을 입고 있는

3. Setiap hari ayahku **bersepéda** ke kantor. **(~을 타다)**
   매일 나의 아버지는 **자전거를 타고** 사무실에 가신다.

   bermobil 차를 타다　　　　　bersepéda 자전거를 타고

4. Dia **berteriak** menangis karena kehilangan orang tuanya.
   그는 부모를 잃어버려서 **소리 지르며** 울고 있습니다. **(소리 지르고 있는 상황)**

Saya senang **berbelanja celana cantik** di mal. (물건 사는 상황)
나는 몰에서 **예쁜 바지를 쇼핑해서** 기쁘다.

5. **Jangan berbicara** bahasa daérah kepada orang asing.
   외국인 앞에서 지방언어로 **말하지 마라.** (말하는 상황)

6. Hal itu **berakhir(selesai)** pada jam dua siang. (일을 끝내는 상황)
   그 일은 오후 두 시에 **끝났다.**

7. Aku **bertetangga** dengan paman teman. (이웃이 있는 상황)
   나는 친구 삼촌과 **이웃이다.**

8. ber 동사는 **형용사**와 결합하여 **~를 느끼다.** (감정을 표현하는 상황)

   Ibuku **bersedih** mendengar berita meninggalnya nénék.
   엄마는 할머니 사망 소식을 듣고 **슬퍼하셨다.** (슬퍼하는 감정)

   bergembira **기뻐하다**   berbahagia **행복해하다**

9. 명사나 어근의 뜻을 구체화합니다.

berhias 화장을 하다	berperang 전쟁하다	berkelahi 싸우다
berkata 얘기하다	berteriak 비명 지르다	bernafas 숨쉬다
berbahasa 말하다	berusaha 노력하다	berpidato 연설하다
berbau 냄새나다	berbunyi 소리나다	berjalan 여행하다
berbuah 열매 맺다	belajar 공부하다	berkeringat 땀을 흘리다
berburu 사냥하다	bertetangga 이웃하다	berjalan 걷다
berlibur 휴가보내다	bekerja 일하다	berhasil 성공하다
berakhir 끝나다	bermain 놀다, 악기 연주하다, ~을 가지고 놀다	
berolahraga 운동하다	berlibur 휴가가다	berenang 수영하다

ber + renang = berenang
ber+rumah =berumah처럼 r 단이가 겹칠 때는 r 하나는 생략됩니다.

10. 숫자와 결합하여 개수를 표시합니다.
    kami **bertiga** 우리 셋   kami **berlima** 우리 다섯
    Kami bertiga akan pergi ke Koréa bésok. 우리 셋은 내일 한국으로 갈 것이다.

11. 접미사 ~ kan과 결합하여 표현할 때도 있습니다. (ber + 어근 + kan)

berdasarkan 기초를 두다　　berhiaskan 치장하다　　bertémakan ~을 테마로 하다
bermandikan ~로 가득하다

Berdasarkan data tersebut, ékonomi Koréa akan semakin membaik.
그 자료에 **의하면**, 한국 경제는 점점 좋아질 것이다.
Ruangan itu **bermandikan** debu kotor. 그 방은 더러운 먼지로 **가득했다.**

12. ber + 어근 + an **연속적으로 ~하다, 서로 ~하다**의 뜻을 갖고 있습니다.

ber**gugur**an 계속 떨어지다　ber**muncul**an 계속 나타나다, 동시에 나타나다
ber**saing**an 서로 경쟁하다　ber**sebelah**an 서로 옆에 있습니다
ber**mesra**an 애정 행각을 하다

Akhir-akhir ini banyak pencuri **bermunculan**. 최근에 **많은** 도둑이 **계속 나타난다.**
Toko Pak Adi dan toko saya **bersebelahan**. 아디 씨 가게와 내 가게는 **바로 옆에 있다.**

13. **be**kerja 일하다 be + kerja (일)
belajar 공부하다 bel + ajar (가르침)
beternak 사육하다 be + ternak (사육)

 상기 단어는 **ber** 동사의 예외적 변화이니 그냥 외우세요.

그 외 ber 동사는 상황에 따라서 다른 표현이 있을 수 있습니다. 그때그때 상황에 따라 사전을 찾아 익히세요.

||||||||||||||||||||||||||||　🌿 **단 문장 공부**　||||||||||||||||||||||||||||

Aku lapar.　　　　　　　　　　　　나는 배고프다.
Saya kenyang.　　　　　　　　　　나는 배 부르다.
Kamu kenyang? Ya, aku **kekenyangan**.　너 배부르니? 응, 정말 배불러.
Bukan, aku **kelaparan.**　　　　　　아니, 정말로 배고파 죽겠어.

 배고프다는 표현을 유심히 잘 보세요.

kenyang sekali. kekenyangan 　　　　　매우 배가 부른
lapar sekali. kelaparan 　　　　　　　매우 배가 고픈
ke~ an을 붙여서 매우 심하다는 표현을 할 수 있습니다.

Saya akan pesan **sebentar lagi** 　　　　저는 친구를 기다리기 때문에
karena aku tunggu teman. 　　　　　　　**조금 후에** 주문할게요.

Kamu suka **makanan Indonésia?** 　　　넌 **인도네시아 음식**을 좋아하니?
Kamu senang **masakan Indonésia?** 　너는 **인도네시아 요리**를 좋아하니?

Di antara makanan Indonésia 　　　　　인도네시아 음식 중에서
makanan apa yang paling kamu sukai? 　**무슨 음식을 제일** 좋아하니?

Selama tinggal di Indonésia **réstoran apa saja** 　인도네시아에서 사는 동안
yang pernah kamu kunjungi? 　　　어디 어디 식당을 가본 일이 있니?

 berkunjung ke (주로 장소를) 방문하다 　　**mengunjungi** (사람을) 방문하다
함께 사용해도 무방합니다.

Makanan apa yang paling terkenal 　이 식당에서
di réstoran ini? 　　　　　　　　　　**가장 인기 있는 음식은 무엇입니까?**
Ada rumah makan yang énak dan bersih 　이 근처에
di sekitar sini? 　　　　　　　　　　　맛있고 깨끗한 식당 있습니까?

Saya tidak pilih pilih jika soal makanan. 　나는 음식이라면 **가리지는 않는다.**
Minta menu ya. 　　　　　　　　　메뉴판 부탁해요.
Ada menu **yang bergambar?** 　　　　그림 있는 메뉴판 있나요?
Ada menu **yang ada fotonya? (berfoto)** 　사진 있는 메뉴판 있어요?

Ada menu **dalam bahasa Inggris?** 　　영어로 된 메뉴판 있나요?
Jika kamu rekoméndasikan, 　　　　당신이 추천한다면,
yang mana paling énak? 　　　　　　어떤 것이 제일 맛있어요?

Apa masakan spésial hari ini? 　　　오늘의 특별요리는 무엇입니까?
Apa makanan tradisional di daérah ini. 　이 지방 전통음식은 무엇입니까?
Selamat makan. Selamat menikmati. 　맛있게 드세요.

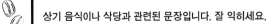
Sekarang, **téknologi yang ada** semakin canggih.　현재, **현존하는 기술**은 점점 첨단화됐다.
Téknologi berkembang (sudah maju)　　　**시대의 발전과 맞게**
sesuai perkembangan zaman.　　　　기술은 발전했다.
Saya tidak tahu **harus berkata apa.**　　나는 **무슨 말을 해야 할지** 모르겠다.
　　　　　　　　　　　　　　　　　(어떻게 말해야 할지 모르겠다)

Saya tidak tahu **harus menjawab apa.**　　나는 **무엇을 답해야 할지** 모르겠다.
(Saya tidak tahu **bagaimana harus menjawab**)(어떻게 답해야 할지 모르겠다)
Saya tidak tahu **harus bagaimana**　　　나는 너무 기뻐서
karena begitu senang.　　　　　　　　**어떻게 해야 할지** 모르겠다.
Semua hal tidak ada　　　　　　　모든 일이 머리에 들어오지
yang masuk ke otak.　　　　　　　않았다.

Berikut ini data pribadi saya.　　　**이 다음은** 저의 개인 신상 자료입니다.
Kita **akan menghadapi** masalah baru.　우리는 새로운 일에 **봉착할 것이다.**
Tak seorang pun　　　　　　　　그에게 관심을 가지는 사람은
yang memedulikannya.　　　　　　　**한 사람도 없었다.**

Entah apa yang dipikirkannya saat itu.　그때 그가 생각한 것이 무엇인지를 몰랐다.
(**Aku tidak tahu apa** yang dipikirkannya ketika itu.)
Saya mengambil **nomor peserta lomba.**　나는 **대회 참가자 번호를** 받았다.
Hatiku berdebar **menunggu**　　　　내 마음은 출연 순서를 기다리느라
giliran tampil.　　　　　　　　가슴이 뛰었다.

Saya bertahan mati-matian.　　　나는 죽을 힘을 다해 견뎠다.
Lomba itu berakhir **dengan kemenangan**　그 대회는
pihak kita.　　　　　　　　　우리 편의 승리로 끝났다.

Dunia Binatang ditayangkan di televisi.　동물의 세계는 TV에서 방영됐다.
Simpanlah uangmu di tempat yang aman!　안전한 곳에 네 돈을 보관하라!
Sebelum menulis sesuatu.　　　　　어떠한 것을 쓰기 전에.
susunlah kerangka ceritanya dahulu.　먼저 그 얘기의 줄거리를 정리해라.

Laksanakan hal itu sesuai petunjuk diréktur. 사장님의 지시에 맞게 그 일을 처리해라. 하다, 처리하다, 시행하다 등은 **melakukan, menjalankan, melaksanakan, mengerjakan**등으로 많이 씁니다. 다 알아야 합니다. 인도네시아어는 하나의 뜻으로 많은 단어를 갖고 있습니다. 그래서 최소한 3~4개의 단어를 알아야 합니다. 이것이 인도네시아어의 어려운 부분입니다. 그래서 유사어를 많이 볼 수 있게 구성했습니다.

|가족명칭과 종교명칭, 계절 단어 공부|

bésan	사돈
mertua	장인, 장모
menantu	사위, 며느리
ayah, bapak	아버지
bunda, ibu	어머니
kakak	형
adik	동생
istri	부인
suami	남편
ipar	매형, 처남
adik ipar	제부, 처제, 도련님
kakak ipar	형수, 매형
cucu	손자
paman, om	삼촌
sepupu	사촌형제
tante, bibi	숙모, 이모
saudara	형제, 자매
keponakan	조카
ayah tiri	계부
ibu tiri	계모
kakak perempuan	누나
saudara kembar	쌍둥이 형제
saudara kandung	친형제
nénék	할머니
ayah kandung	친아빠
ibu kandung	친엄마
kakék	할아버지

인도네시아는 국가에서 결혼을 4번을 인정하기 때문에 형제 부모 관계가 조금 복잡합니다. 지금은 법적으로 4명까지 가능. 그래서 가족 관계를 잘 알아야 오해를 안 하게 됩니다.

❖ 단순 동사

단순 동사는 대체로 아래의 동사들입니다. 얼마 안되니 외우시죠?

pergi 가다

tiba 도착하다

sampai 도착하다

kembali 돌아오다

pulang 돌아가다

datang 오다

masuk 들어가다

duduk 앉다

naik 타다

bangun 일어나다

makan 먹다

tinggal 살다

mundur 후퇴하다

mandi 목욕하다

hidup 살다

suka 좋아하다

minum 마시다

tidur 자다

pindah 이사하다

alih 옮기다

maju 나아가다, 앞으로 나가다

Saya sedang duduk di kursi.

나는 의자에 앉아 있다.

Biaya bus **akan naik** sebentar lagi.

버스 요금이 잠시 후 **오를 것이다.**

tarif, biaya, ongkos 요금
Saya tidak bisa hidup tanpa kamu. 나는 너 없이는 살 수 없어.

\# 단순동사는 확실히 외워두는게 좋습니다. 그리고 단순 동사는 접두어나 접미어가 붙으면서 완전히 다른 뜻으로 바뀌어서 사용될 때가 가끔 있으니 그런 단어는 충실히 외우세요.

tinggal 단어는 **살다**의 뜻이지만

meninggal : 사망하다

meninggalkan : 남겨 두고 가다

bangun 은 **일어나다**의 뜻이지만

membangun : 짓다, 건설하다

membangunkan : 깨우다

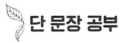 단 문장 공부

Aku **kecurian dompét** tadi malam (semalam) di dalam bus.

나는 어젯밤 버스 안에서 **지갑을 소매치기당했다.**

Boléhkah saya ikut?

제가 따라가도 됩니까?

Saya kira boléh.

나는 좋다고 생각해.

Saya masuk anggota klub golf.

저는 골프 클럽 회원에 가입했어요.

Mémang kamu yang salah bukan dia.

물론 잘못한 사람은 너지 그가 아니야.

Masa dia berani berkata begitu.

그가 그렇게 과감히 말할 리가.

Cuma Ayu yang datang,
tidak ada yang lain.

온 사람은 아유뿐이고,
다른 사람은 없다.

Jangan segan-segan. (ragu-ragu)
Kerjakan **seperti kataku tadi.**

주저하지 마세요.
조금 전 제 말처럼 일하세요.

Sebagaimana diramalkan oléh TV,
hari ini tidak akan hujan.
Di dalam tas itu **ada barang yang**
mudah pecah.

TV에서 예보한 것처럼,
오늘은 비가 오지 않을 것이다.
그 가방 속에는
깨어지기 쉬운 물건이 들어있어요.

 귀한 물건을 옮길 때 짐꾼에게 쓰기 유용한 표현이죠?

Dia pura-pura berani,
sedangkan dadanya sangat gemetar.
Anda harus berpikir dahulu tentang hal
apa saja **agar tidak kecéwa kelak.**

그는 **씩씩한 척하지만**, 반면에
그의 가슴은 많이 떨렸다.
당신은 **나중에 실망하지 않도록**
어떤 일이든지 **먼저 생각해야** 한다.

Walaupun mulut orang itu manis,
tapi hatinya jahat.
Aku kesasar (tersesat).

비록 그 사람 말이 달콤하지만,
그 마음은 나쁘다.
나는 길을 잃어버렸다.

 길을 잃어버렸을 때는 꼭 이렇게 말하세요. 두 단어밖엔 없습니다.

Aku **kehilangan** kartu krédit.
Koper saya **hilang.**
Kita **bisa ketinggalan** pesawat.
Waktu turun dari taksi **tasnya tertinggal.**
Kué itu jangan **ditinggalkan** di luar.

나는 신용 카드를 **잃어버렸다.**
제 여행용 가방이 **없어졌어요.**
우리는 비행기를 **놓칠 수** 있습니다.
택시에서 내릴 때 **가방을 두고** 내렸다.
그 과자를 밖에 **남겨 두지** 마라.

 분실 관련 문장 잘 기억하세요

Saya melihat **karangan bunga**
yang indah dalam vas.

나는 꽃병 속 아름다운 화환을 보았다.

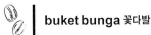 **buket bunga** 꽃다발   **bunga papan** 화환   **vas** 꽃병

Selanjutnya paman memperlihatkan
anéka kerajinan tangan lainnya.

계속해서 삼촌은 다른
여러 가지 공예품을 보여 주었다.

A : Bahannya **diperoléh** dari mana?
B : Aku dapatkan dari pemulung.

그 재료는 어디에서 **구했습니까?**
나는 고물상으로부터 구했어요.

Meréka **sengaja datang ke mari** dan menjual
barang-barang bekas **yang aku perlukan.**

그들은 **고의로 여기로 와서는**
내가 필요로 하는 고물들을 판다.

Di dalam badan yang séhat ada jiwa yang kuat.
Ungkapan tersebut **berarti** bahwa keséhatan
badan dan keséhatan jiwa **saling berhubungan.**

건강한 신체 속에는 강한 정신이 깃든다.
그 표현은 신체의 건강과 정신 건강이
서로 **관계가 있다는 뜻이다.**

Ikutilah langkah langkah berikut.
Nafsu makan aku **sudah normal kembali.**
Coba katakan kesulitanmu **dengan terus terang.**

아래 행위를(조치를) 따라 해라.
나의 입맛이 **다시 정상으로 돌아왔다.**
솔직하게 너의 어려움을 얘기해봐라.

Dalam keadaan hiruk-pikuk(gaduh)
aku berusaha mencari **celah jalan**
dengan menuntun sepédaku.

소란스러운 상황 속에서
나는 내 자전거를 몰면서
길의 **틈을** 찾으려고 노력했다.

Aku terjebak dalam kemacetan lalu lintas.
Sedikit demi sedikit, aku mulai terhindar
dari kemacetan.

나는 교통 체증 안에 **갇혔다.**
조금씩, 나는 교통 체증으로부터
벗어나기 시작했다.

Aku memiliki **watak yang aktif,**
namun (tetapi) kurang hati hati.

나는 **활동적인 성격을** 가졌지만,
조심하지 않는다.

Nanti kalau saya ada masalah
Anda bisa bantu saya?
Maaf ya, untuk pertemuan pertama,
saya sudah merépotkan Anda.

나중에 내가 문제가 있으면
나를 도와줄 수 있죠?
미안해요. 첫 만남에서,
전 이미 당신을 귀찮게 했네요.

|인도네시아는 5대종교를 인정하니 5대 종교는 알고 넘어 갑시다.|

Agama Islam 이슬람교(인구의 약 85% 차지함)   masjid 이슬람사원

Agama Katolik 카톨릭   geréja Katolik 성당   iman 신부

Agama Kristen 기독교   geréja 교회   pendéta 목사

Agama Buddha 불교   kuil 절

Agama Hindu 힌두교   candi 힌두사원

인도네시아는 종교의 자유가 있지만 다른 주요 종교의 날도 휴무를 합니다.
그래서 여러 가지 종교 행사를 경험해 볼 수 있습니다.

이 나라 계절은 우기와 건기 두 종류가 있다.

우기 : musim hujan 기간은 보통 4월에서 9월까지(6개월)

건기 : musim kemarau 기간은 보통 10월에서 3월까지이다.

다만, 이 나라도 기후 변화의 영향으로 기후가 일정하지 않습니다.

musim bunga (semi) 봄   musim panas 여름

musim gugur 가을   musim dingin, musim salju 겨울

Me~ 동사 🔊

인도네시아어를 공부하는데 있어서 우리는 다양한 접사를 만나게 됩니다. 필히 거쳐야 할 과정이고 잘 숙지해야 합니다. 앞에서 **ajar** 동사의 변화를 보았듯이 다양합니다. 그래서 동사의 원형을 필히 알아야 합니다. **me** 동사는 주로 **주어의 의지**로 행해지고, **ber** 동사는 **자연적으로 행해지는** 경향이 있습니다. 즉 **타동사, 자동사란** 뜻이죠. me 동사는 동사의 첫 철자에 따라서 me, mem, men, meng, meny, menge의 형태로 아래와 같이 변합니다.

❖ Me~ 접두 동사

어근 첫 글자가 **l, m, n, ny, r, w, y**로 시작하는 단어는 접두사를 **me**를 사용합니다. **me** 동사는 **me**를 생략하여 사용하는 경우가 많습니다.

(ex) melihat 보다　　memasak 요리하다　　menilai 평가하다　　merasa 느끼다

　　melaut 바다로 향하다, 항해하다　　merokok 담배 피다　　mewabah 전염되다

Aku **merasa** makanan itu énak sekali.　　저는 그 음식이 정말 맛있다고 **느낍니다.**
Aku **rasa** makanan itu énak sekali.　　저는 그 음식이 정말 맛있다고 **느낍니다.**
Aku **ngerasa** makanan itu énak sekali.　　(비격식 문장임)

Saya enggak bisa **melihat** pemandangan itu.　나는 그 경치를 볼 수 없습니다.
Saya enggak bisa **lihat** pemandangan itu.
Saya enggak bisa **ngelihat** pemandangan itu.　(비격식 문장임)

회화 시 **me** 접두어를 생략하여 사용할 수가 있고, 상대방이 **ngerasa, ngelihat**으로 얘기하면 당황하지 마시고 알아 들으시면 됩니다. 이런 단어가 또 있을 수 있으니 참고하세요. 그러나 비격식이니 숙지만 하시고 우리는 격식대로 말하도록 합시다. 여기서 ngerasa, ngelihat와 같은 표현은 회화 시 자주 사용하는데 ngrasa, nglihat으로 읽으면 불편하기에 말을 부드럽게 하기 위하여 e를 넣어줄 뿐입니다. 이런 단어 가끔 있으니 그때그때 익히세요.

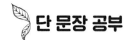

Pertengkaran **antara nénék**
dengan **dokter matanya** terjadi.
Akhirnya, dokter membawa
perkara (kasus) itu ke méja hijau.

할머니와 그 안과의사
사이의 언쟁이 발생했다.
결국, 의사는 법정으로
그 사건을 가져갔다.

Karya harus asli
bukan terjemahan atau **contékan**.

작품은 원본이어야 합니다
번역본이나 베낀 것이 아닌.

Karena tidak ada jalan lain saya pergi
meminta tolong kepada teman.

다른 길이 없어서 나는 친구에게
도움을 청하러 갔다.

Saya tidak pergi menemui temanku
dengan tangan kosong.

나는 **빈손으로** 내 친구를
만나러 가지 않는다.

Kehidupan kita selalu terancam
dari kesulitan kehidupan.

우리의 삶은 항상 삶의
어려움으로부터 **위협받는다.**

Majalah Ino ingin mengajak kalian
untuk mengikuti kuis.

이노 잡지사는 당신들이
퀴즈에 참석하도록 초대하길 원합니다.

Kalian tinggal jawab pertanyaan
yang di bawah ini.

당신들은 아래에 있는 **질문의 답을**
남기는 겁니다.

Saya bekerja dibantu
3 anak dan 4 pegawai.

저는 3명의 아이와 4명의 직원의
도움을 받아서 일합니다.

Saya menghentikan pekerjaan membuat
benda itu sebelum ditegur oléh atasanku.

나는 상사가 잔소리하기 전에
그 물건을 만드는 일을 끝냈다.

Kita telah bersemboyan (bermoto)
"hari ésok harus lebih baik **daripada hari ini."**

우리는 이미 슬로건을 갖고 있다
"내일은 오늘보다 더 좋아야 한다는 것을."

Saya minta maaf **apabila penyambutan kami kurang berkenan di hati.** 우리의 환대가 마음에 들지 않았다면 제가 용서를 구합니다.

Pada kesempatan ini **saya mewakili panitia** mengucapkan terima kasih kepada Anda. 이 기회에 **저는 위원회를 대신하여** 당신에게 감사의 말씀을 드립니다.

Banyak yayasan atau **instansi** yang menyediakan tempat **bagi anak telantar.** 버려진 아이들을 위하여 장소를 준비해주는 **재단**이나 **관청은 많다.**

Pekerjaan yang berat akan terasa ringan jika dikerjakan bersama-sama. **Kasih sayang pun tumbuh** saat kita bekerja sama. 함께 일을 하면 **힘든 일은 가볍게 느껴 질 것이다.** **사랑 또한** 우리가 함께 일할 때 **자란다.**

Mungkin meréka ada hubungan saudara atau berasal dari daérah yang sama. **아마도 그들은 형제 관계이거나** 아니면 같은 지역에서 왔을 것이다.

Saya ditilang polisi karena naik motor tanpa hélm. Kamu tidak boléh melakukan kegiatan apa pun **selain (kecuali) membuat ini.** 나는 헬멧을 쓰지 않고 오토바이를 탔기 때문에 **교통 위반 스티커를 받았다.** 이것을 만드는 것 외에는 너는 어떠한 일도 해서는 안 된다.

Bagi warga yang ingin menyumbang silakan. Dan **warga yang tidak menyumbang** pun tidak apa apa. 후원을 원하는 분들은 그렇게 해 주세요. 그리고 후원금을 내지 않은 사람 또한 괜찮습니다.

Ini kusisihkan sebagian makanan untukmu. **이것은** 너를 위해 음식 일부분을 **내가 분리해 준 것이다.**

Hampir setiap hari, **saya kena razia** petugas penertiban pasar. 거의 매일, **나는** 시장 통제 직원의 단속을 **당한다.**

Ceritakan secara singkat perjalananmu dari rumah sampai kantor. **Tolong sampaikan pada Elia,** 집에서부터 사무실까지 너의 여정을 간단하게 얘기해라, 그가 길가에서 나를 기다리도록,

agar ia mau menungguku di pinggir jalan!

Tunjuklah salah seorang wakil kelompokmu
untuk menjelaskan masalah itu.

Sebutkan makanan khas yang ada di daérahmu.

엘라에게 좀 전해주라!

그 문제를 설명하도록
너의 단체 대표 중 한 명을 지명해라.

너의 지방에 있는 **고유 음식을 말해라.**

|단어 공부|

mengakali, **menipu**	기만하다, 속이다
lilin	밀랍, 양초
daya tarik	당기는 힘
pesona	매력
pujaan	숭배, 찬양, 추모, 추앙
ketahuan, **kedapatan**	들킨, 알려진
malam	밤
manisan	단것
asinan	절임 야채
kemakmuran	번영
béa cukai	세관
béa, **cukai pajak**	세금, 관세
pajak	세금
asalnya	본래의, 출신지
pamit	작별 인사를 하다
salam	인사
menyapa	말을 걸다, 인사하다
pergaulan	교제
flora dan fauna	동 식물
kontak jodoh	교제, 친교
idéntitas diri	신분, 신원
membatasi	제한하다, 울타리 치다
berbatas	~에 접해 있는, 제한된, ~에 경계하고 있는
ganjil	홀수의
kebiasaan bertamu	방문 관습, 습관
berwisata kulinér	요리 관광
basah, **kuyup**, **lembab**	젖은
botak	머리가 조금 빠진 대머리
gundul	대머리
genit	요염한, 새침 떠는, 교태 부리는
atlét, **pemain**	운동선수, 육상선수

❖ Mem 접두 동사

어근 첫 글자가 **b, f, p, v**로 시작하는 단어는 접두사 **mem**을 사용합니다.
단, 첫 글자가 **p**로 시작할 때는 **p**는 **생략됩니다.**

mem**b**eli 사다   mem**f**oto (memotrét, berfoto) 사진 찍다

mem**b**esar 커지다   mem**v**onis 판결하다, 고소하다

mem**f**okuskan(memusatkan, mengkonséntrasikan) ~ 에 집중하다

> **memfokuskan perhatian** 주의를(관심) 집중하다
> **memusatkan segenap tenaga** 총력을 기울이다 **memusatkan energi** 정력을 쏟다

pakai — mem**a**kai 사용하다   panggil — mem**a**nggil 부르다

putih — mem**u**tih 하얗게 되다   panas — mem**a**nas 뜨거워지다

paku — mem**a**ku 못을 박다(**P가 생략**)

Saya **membeli** baju di mal. 나는 몰에서 옷을 샀다.
Saya **beli** baju di mal. (비격식 문장)

Aku **memanggil** temanku. 나는 내 친구를 불렀다.
memanggl — **manggil**에서 **me** 접두어 생략해서 사용함 **panggil**도 사용할 수 있습니다.

Saya **memakai** alat itu. Saya **pakai** alat itu.   나는 그 도구를 사용합니다.

> **me** 접두어 동사와 같이 **mem** 접두어 동사도 **mem**을 생략하여 말할 수 있습니다.
> **P**를 생략되지 않는 경우는 **p**로 시작하는 외래어 일 때는 생략하지 않습니다.
> 예) **memproduksi** 생산하다.

||||||||||||||||||||||||||||||||| 🌿 **단 문장 공부** |||||||||||||||||||||||||||||||||||

Aku tak tahu **siapa namamu.**   나는 **너의 이름이** 무엇인지 모르겠어.

Aku lupa namamu   **나는 전에 들었지만**

walau sudah dengar sebelumnya.   너의 이름을 잊었어.

Maaf ya. Tolong sekali lagi **beritahu namamu.**   미안해. 한 번 더 네 이름을 알려 주라.

Pak, jangan mengebut. Berbahaya!   아저씨, 과속하지 마세요. 위험해요!

Aku takut. Kamu juga punya keluarga kan? 저는 두려워요. 당신도 가족이 있잖아요?
Biar lambat asal selamat. 안전하다면 늦어도 좋아요.

 택시 탔을 때 기사가 과속을 하면 이렇게 한 번 말해 보세요.

Setiap usaha yang dilakukan ayah 아버지가 하시는 사업마다
selalu menjadi rugi. 항상 손해를 보았다.
Alat itu **sudah tidak pantas** untuk digunakan. 그 도구는 사용하기에는
이미 적합하지 않다.

Mengapa hal itu **dibiarkan saja?** 왜 그 일을 그냥 두기만 하니?
Apakah kamu **sudah tidak peduli?** 너는 **이미 관심이** 없느냐?
Aku minta dia 나는 그에게 그 물건을 **옮겨 주도록**
agar memindahkan barangnya. 부탁했다.

Aku malu **untuk mengakui diriku.** 나는 **나 자신을 인정하는 게** 부끄러웠다.
Nggak usah menangis, nggak ada gunanya. 울 필요도 없고, 소용도 없었다.
Jarak dengan laut sangat dekat. **바다와의** 거리는 매우 가깝다.
Daérah ini **rawan banjir.** 이 지역은 홍수가 **염려된다.**

 rawan 염려되는, 걱정되는

Pernahkah terjadi banjir di tempat tinggalmu? 너의 거주지에서 홍수가 발생한 일이 있니?
Jika pernah, **ceritakan apa adanya saja.** 만일 일어난 일이 있다면,
있는 그대로만 얘기해봐라.

Jangan berlebihan. 과하게는 하지 마라.
Aku **sudah diperingatkan** dari atasan. 저는 상사로부터 **이미 주의를** 받았어요.
Karena bangun kesiangan **saya sering ditegur.** 늦게 일어났기 때문에
나는 자주 나는 잔소리를 듣는다.

Saran dan komentarmu **harus disertai** 의견이나 너의 비평은
dengan alasan yang logis. (masuk akal) 논리적인 이유가 **동반되야 합니다.**

Sayangnya. **18 hari setelah operasi itu** 안타깝게도, 그 수술 후 18일이 지나,
dia meninggal **karena radang paru-paru.** 그는 **폐렴 때문에** 죽었다.

Untuk bertemu pemain AC Milan
ada syarat yang harus dipenuhi.

AC 밀란의 선수를 만나기 위해서
채워야 하는 조건이 있습니다.

Kerjanya sedikit, tetapi hasilnya banyak.
Kuncilah kembali pintu pagar itu!
Tolong laporkan kepada polisi
jika melihat orang yang mencurigakan.

일은 적게 했지만, 결실은 많았다.
그 울타리 문을 **다시 잠가라!**
만일 의심스러운 사람을 보면
제발 경찰에 신고하세요.

|단어 공부|

layu	시들다
wakil, wali	대리, 후견인
akibat	결과
kentongan	북
beraksi	활동하다
sedotan	빨대
kawah	분화구
protés	항의
polos	순진한, 순수한
demo, demonstrasi	데모, 데모하다
hardik	엄하게 질책하다
di bagian bawah	밑 부분에
sayup-sayup	희미하게
azan magrib	일몰 기도를 하도록 외치는 소리
walaupun begitu	비록 그러하지만
gelisah, risau	불안한, 걱정하는
kerusuhan, keributan, kericuhan, kekacauan 소동	
berdebar-debar, berdetak	가슴이 뛰다
tumpukan, timbunan	무더기
secara terperinici, secara rinci	상세하게
mendekatkan	~을 가까이 가져가다 (놓다) 가깝게 하다
tertidur pulas (nyenyak, lelap)	곤히 잠들다

❖ Men 접두 동사

어근 첫 글자가 **c, d, j, sy, t**로 시작하는 단어는 접두사 **men**을 사용합니다. 단, 첫 글자가 **t**로 시작하는 경우에는 **t**가 생략됩니다.

mencoba 시도하다   men**j**emput 마중 가다   men**d**arat 착륙하다, 육지로 향하다
men**d**ingin 추워지다   men**s**yukuri 신에게 감사드린다

Saya **mendorong** jendéla rumah.   나는 집 창문을 **밀었다**
Saya **dorong** pintu rumah. (비격식 문장)   나는 집 문을 **밀었다**

mencari 찾다는 cari, nyari로   mencuci 씻다는 cuci, nyuci로
mencuri 훔치다는 curi, nyuri로 사용될 수 있습니다.
tulis — men**ulis** 글을 쓰다   tahan — men**ahan** 참다
tunggu — men**unggu** 기다리다. (**t** 생략의 예)

> **mentransfer** 송금하다
> **mentransmisikan (mengirimkan)** 전송하다 처럼 외래어는 **t**가 생략되지 않습니다.

cuaca 주로 날씨를 표현하고   udara 기온
suhu 체온, 온도를 표현합니다.   oksigén 산소

||||||||||||||||||||||||||||||||| 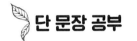 **단 문장 공부** |||||||||||||||||||||||||||||||||

Itu pertanda akan turun hujan.   그것은 비가 올 거라는 **징조다.**
Sekarang **bukan saatnya menari.**   지금은 **춤출 때가 아니다.**
Aku siap menolongmu kapan saja.   **나는 언제든 너를 도울 준비가 됐다.**
Aku sengaja **merahasiakannya.**   나는 고의로 그것을 비밀로 했다.

Bantuanku membuat **dia bergantung kepadaku.**   내 도움은 **그가 나에게 매달리게** 만들었다.
Aku tidak suka   나는 네가 **항상 나에게 의지하는 것을**
kamu selalu bergantung padaku.   좋아하지 않는다.

> 도움을 받으려고 계속 매달릴 때 사용하는 표현

Aku menyadari bahwa ucapanmu benar.   나는 너의 말이 옳다는 걸 **깨달았다.**
Ucapanku **menyakiti** hatinya.   내 말은 그의 마음을 아프게 했다.
Aku sedih **karena harus berpisah**   나는 **너희들과 헤어져야 하기 때문에**
dengan kalian.   슬프다.

Dia tertangkap **karena terjebak dalam kerusuhan**.
그는 폭동 속에 휘말렸기 때문에 체포됐다.

Aku tak tahu **mengapa dia begitu**.
나는 **왜 그가 그런지** 모르겠다.

Sudah berulang kali kunasihati.
이미 여러 번 나는 충고했다.

Aku tak mau tahu hal itu.
나는 그 일을 알고 **싶지 않다**.

Mengapa kamu **melalaikan** tugasmu?
왜 너는 너의 임무를 **게을리하니**?

Jika kamu perlu sesuatu, panggillah aku.
만일 네가 어떤 것이 필요하면, 나를 불러라.

Semua keinginanmu akan aku penuhi.
너의 모든 소원을 내가 채워 줄 것이다.

Semua hal itu **dia kembalikan seperti semula**. 모든 것을 **그가 처음처럼 돌려놓았다**.

Dia ingin menukar jam kerja dengan teman. 그는 친구와 **근무시간을 바꾸려** 했다.

Kerja bakti di pabrik wajib diikuti karyawan.
공장에서의 봉사 활동은 직원이 따라야 할 의무이다.

Luas tanahnya 200 meter persegi.
땅 면적은 200헤베이다.

Aku selalu **sendirian** dan **kesepian**.
나는 항상 **혼자고 외롭다**.

Aku mau jadi temanmu dengan ikhlas.
나는 진실로 **너의 친구가** 되고 싶다.

Mereka tidak mendapat **uang sedikit pun** .
그들은 **조금의 돈도** 받지 않았다.

Dia mulai bekerja **seolah tidak ada apa-apa**.
그는 **아무것도 없는 것처럼** 일하기 시작했다.

Saya menyadari **berkelahi tidak ada gunanya**.
나는 **싸움이 쓸모가 없다고** 깨달았다.

Jika berbuat salah, kamu harus minta maaf.
잘못 행동했으면, 넌 용서를 구해야 한다.

Orang yang mengusili orang lain **dijauhi teman.**
남을 괴롭히는 사람은 **친구가 멀리합니다.**

Langit mendung **tanda akan hujan deras.**
먹구름 낀 하늘은 소나기가 올 징조다.

Rupanya **pintu toko itu** dari kaca.
가게 문은 유리로 된 것 같았다.

Sesekali, **saya mengigau tidak jelas**.
가끔, 나는 분명치 않는 잠꼬대를 했어.

Aku juga **sudah bosan hidup** karena sakit.
나는 아픈 것 때문에 삶 또한 싫증났어.

Jalan ini panjangnya **bukan kepalang.**
이 길은 길이가 **장난이 아니다.**

Aku sudah **berjam jam** duduk di kursi.
Ia menenangkan hati pegawai itu.
Aku pun **mengikuti ajakan** teman.

나는 이미 **몇 시간** 의자에 앉아 있었다.
그는 그 직원의 마음을 **진정시켰다.**
나 또한 친구의 **권유를 따랐다.**

❖ Meng 접두 동사

어근 첫 글자가 **모음, g, h, k, kh**로 시작하는 단어는 접두사 **meng**을 사용합니다. 단, 첫 글자가 **k**로 시작할 때는 **k**는 생략됩니다.

(ex) meng**a**iri 물을 대다, 관개하다
　　meng**a**jak ~ 하자고 하다, 초대하다
　　meng**kh**ianati 배신하다, 뒤통수치다
　　meng**i**nap 숙박하다

meng**g**abungkan 합치다, 하나로 묶다
meng**h**afal 외우다
meng**é**jek 놀리다
meng**o**brol 얘기하다

Aku **mengajak** ayah ke taman.
Aku **ajak** ayah ke taman.
Aku **ngajak** ayah ke taman.

나는 아버지에게 공원에 **가자고 했다.**
(비격식 문장임)
(비격식 문장임)

Teman teman selalu **mengéjek** aku.
Teman teman selalu **ngéjek** aku.
éjek 단어는 항상 meng 이나 ng 을 붙여 사용함.

친구들은 항상 나를 **놀립니다.**
(비격식 문장임)

menginap — nginap 숙박하다
mengobrol — ngobrol 얘기하다
mengganggu — ngganggu 방해하다

menginap에서 me가 생략된걸 아시겠죠?
mengurus — ngurus 관리하다, 처리하다
다른 단어도 많습니다. 그때그때 외우세요.

위의 예처럼 동사 원형을 쓰는 단어도 있고 쓰지 않는 단어도 있으니 참고하세요.

meng**e**tahui ~에 대해 알다, 이해하다
meng**e**nal ~대해 알다, 이해하다
meng**u**ning 노랗게 되다

meng**e**cil 적어지다
meng**a**ntuk 졸다
meng**i**rim 보내다 — (**k** 생략의 예)

 　mengkhawatirkan, ~을 걱정하다
　　kr, kl, kh 등의 문자가 오면 k는 생략되지 않습니다.

mengkritik 비평하다

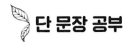

Aku memohon kepada diréktur
agar gajinya dinaikkan.
Aku **mengampuni (memaafkan)** kesalahan teman.

나는 **봉급을 올려 주도록**
사장님께 부탁했다.
나는 친구의 잘못을 **용서했다.**

Apakah kamu ingin tahu
bagaimana menjalankan hal ini?

너는 어떻게 이 일을 처리하는지
알고 싶니?

 | menjalankan, mengerjakan, melaksanakan, melakukan 같은 용도로 사용 가능함

Kalau soal makan, kamu nomor satu, ya!
Begini caranya.
Jika sudah begitu ya,
mau apa lagi?

먹는 **일이라면**, 네가 일등이야!
그 **방법은 이러하다.**
만일 그렇게 됐다면,
더 이상 어떻게 하겠어?

Tidak ada **yang bisa menggantikan kamu.**
Aku ingin **berbagi kasih sayang** denganmu.
Aku meréngék minta uang kepada ibu.
Aku mau main ke rumahmu hari Minggu.

너를 **대신할 수 있는 사람은** 없다.
나는 너와 **사랑을 나누고** 싶다.
나는 **엄마에게 돈을 달라고 졸랐다.**
나는 일요일에 **너희 집에 놀러 가고 싶어.**

Bukan karena ada **orang ketiga atau apa.**
Hal itu **bukan pekerjaan yang mudah.**
Kelebihan buah itu **bukan itu saja.**
Terimalah itu **sebagai takdir alam.**

제 삼자나 **무엇이** 있기 때문이 아니다.
그 일은 쉬운 일이 아니다.
그 과일의 장점은 **그뿐만 아니다.**
그것을 자연의 운명으로써 받아들여라.

Kuatkan hatimu.
Aku meragukan nasihat ibunya.
Bagaimanapun juga ékonomi keluarga
berada di tangan orang tua.

너의 마음을 굳게 가져라.
나는 엄마의 교훈을 의심했다.
어쨌든 간에 가족의 경제는
부모님의 손에 달려 있습니다.

Pramuka harus bekerja sama dan
tidak mementingkan diri sendiri.

보이스 카웃은 협동해야 하고
자기 자신을 중요시 하지 않아야 합니다.

Kamu harus mau
dan harus bisa melakukan sesuatu.

너는 어떤 것을 하려고 해야 하고
그리고 할 수 있어야 한다.

Jika saatnya bekerja,
maka harus bekerja dengan keras.
Kita harus dapat mengatur waktu
dan menepati (menjaga) waktu.

만일 일을 할 때면,
열심히 일을 해야 합니다.
우리는 시간을 관리할 수 있어야 하고
시간을 지킬 수 있어야 합니다.

Kapan waktu bekerja, istirahat,
maupun melakukan kegiatan lainnya.
Kesemuanya harus dilakukan tepat waktu.

업무 시간, 휴식 시간이 언제인지,
뿐만 아니라 다른 활동을 하는 것도,
모두 정확한 시간에 해야 합니다.

Jika setiap hari makan makanan yang sama,
nanti kamu bosan.
Tentukan siapa yang mempersiapkan
keperluan itu.
Tutuplah makanan supaya tidak dihinggapi lalat.

만일 매일 똑같은 음식을 먹으면,
나중에 너는 싫증날 것이다.
누가 필요한 것을 준비할 것인지
정해라.
파리가 앉지 않도록 그 음식을 덮어라.

|단어 공부|

samaran	변장, 가짜
kompléks	복합단지
pencinta alam	자연 애호가
meréngék-réngék	애걸 복걸하다
emosi	감정
tahap, prosés	과정
pengendalian	통제
bermotif	무늬가 있는, 동기를 부여하다
menyelingi	~에 끼어넣다
keterampilan	유능, 재능, 숙련
sunat	포경수술
penculikan	유괴
menculik	유괴하다
memikat	유혹하다, 유인하다
topéng	가면
majalah dinding, papan pengumuman	게시판
sambilan, tambahan, sampingan, lembur	부업

melamar	청혼하다, 구직하다
menghadang	방해하다
kocok	흔들다
iring iringan, pawai	행진
pengiring, pengikut	추종자
sial	재수없는, 불행한

❖ Meny 접두 동사

어근 첫 글자가 **s**로 시작하는 단어는 접두사 **meny**을 사용합니다.

단, 첫 글자가 **s**로 시작할 때는 **s**는 **생략됩니다.**

suka — meny**ukai** 좋아하다   séwa — meny**éwa** 임대하다, 세를 얻다

(S가 생략된 예입니다.)

Ayah saya **menyéwa** rumah sederhana.   아버지는 누추한 집을 **임대하셨다.**

Ayah saya **séwa** rumah sederhana.   **(비격식 문장임)**

Ibu saya **menyukai** makanan Koréa.   나의 엄마는 한국 음식을 **좋아하신다.**

Ibu saya **suka** makanan Koréa. (비격식 문장임)

어근이 **s**로 시작하는 **외래어는** men 접두사가 붙는다는 걸 명심합시다.

stabil 안정적인 — menstabilkan 안정화시키다, 안정화하다

Pemda akan menstabilkan **tarif lalu lintas.** 지방정부는 **교통 요금을** 안정시킬 것이다.

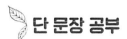 단 문장 공부

Tanganku **terkena api.**   내 손이 **불에 데였다.**

Aku tidak mengira kamu bisa.   나는 네가 할 수 있다고 생각지 않았어.

Apakah dengan cara yang sama   같은 방법으로

kamu bisa melakukan hal ini?   너는 이 일을 할 수 있니?

Dia tidak menyadari   그는 그 일이 얼마나 위험한지

betapa bahayanya hal itu.   깨닫지 못했다.

Apakah semua kebutuhanmu
sudah terpenuhi?
Jahitan dan **lémnya** lepas.

너의 모든 필요한 것은
이미 채워졌니?
기운 곳과 붙인 곳이 떨어졌다.

Aku menyodorkan sepatu itu kepada teman.
Penampilannya yang sederhana
dan **apa adanya** menjadi ciri khasnya.

나는 친구에게 그 신발을 내밀었다.
평범하고 있는 그대로의 그의
모습은 그의 특별한 개성이 됐다.

Itulah keunikan dan kelebihan dia.
Banyak orang membuang waktu percuma
di depan komputer
hanya untuk menunggu pesan.

그것이 그의 특별함과 장점이다.
많은 사람은 컴퓨터 앞에서
오직 메시지를 기다리려고
쓸데없이 시간을 버린다.

Seperti yang saya ketahui dari suatu informasi
hal itu sangat berat.
Orang tua telah membesarkan kita
dengan kasih sayang.

어떤 정보로부터 제가 알게 된 것처럼
그 일은 정말 힘듭니다.
부모님은 우리를 사랑으로
이미 키웠습니다.

Apa saja yang belum kamu pahami
tentang hal itu?
Aku tidak membiarkan **dia pergi begitu saja**
dari rumahku.

그 일에 대해 **네가** 아직
이해 못 한 게 뭐니?
나는 내 집으로부터 **그를 그냥 그렇게**
가도록 내버려두지 않았다.

Makin tinggi pangkat (jabatan) seseorang,
makin banyak godaannya.
Kulémparkan tas di kursi
dan kulepas sepatu asal-asalan.

어떤 사람의 직위가 높아질수록,
그 유혹은 점점 많아진다.
나는 가방을 의자에 던져 버리고
신발을 대충 벗었다.

A : Kenapa kamu berpikir begitu?
　　Lagian kan rekanmu sudah bilang
　　tidak apa apa.
B : **Tetapi** aku harus kembalikan uang
　　menggantikan barang itu.

왜 너는 그렇게 생각하니?
더욱이 너의 동료가 **괜찮다고**
말했다며
그러나 저는 그 물건을 **대신하여**
돈을 돌려주어야 합니다.

 lagian, lagi pula 더욱이
　　　sesama pekerjaan, rekan 직장 동료　　sesama Indonesia 인도네시아인끼리

Sebagaimana diterangkan (dijelaskan) tadi, 조금 전 설명했듯이,
pemeritah akan mengumumkan kebijakan baru 정부는 **물가 안정**에 대하여
terhadap **kestabilan harga.** 새로운 정책을 발표할 것입니다.

 | **sebagaimana, seperti** ~처럼, ~와 같이 **bagaimanapun** 어쨌든

Kalau tidak keberatan, 만일 힘들지 않으면,
bésok bawakanlah barang itu. 내일 그 물건을 가져와라.
Diskusikanlah dengan serius 그가 너의 회사에 뽑히도록
agar dia bisa terpilih di perusaahanmu. **진지하게 의논해 봐라.**

|단어 공부|

ufuk timur	동쪽 지평선
golongan darah	혈액형
jalan tol	고속도로
perempuan angkat	양딸
anak angkat	양아들
kartu krédit	신용카드
wabah penyakit	전염병
celah kaca	유리 틈
jalan protokol	의전 도로
jalan utama	주요도로
segitiga pengaman	안전 삼각대
mentéga	버터
kontribusi	기부, 출자, 기여
personalia	인사의, 인원의
barang bukti	증거물
menyuguhkan	커피 등을 대접하다
menjamu	대접하다, 제공하다

❖ Menge 접두 동사

pel, lap, cat, sah, bom, cék, tés와 같은 단어처럼 모음이 하나이면서 **단음절**일 경우에는 menge를 사용합니다.

menge**pél** 걸레질하다   menge**lap** 의자 등을 닦다
menge**cat** 칠하다   menge**bom** 폭탄을 투하하다
mengé**sah**kan 합법화하다   menge**cék** 확인하다, 체크하다

Kamu harus mengepél lantai kamar
sesudah bermain.   너는 놀고 난 후에 **방바닥을**
              닦아야 한다.
Kamu **harus pél** lantai kamar sesudah bermain. (비격식 문장임)
Kamu **harus ngepél** lantai kamar sesudah bermain. (비격식 문장임)

Anda harus **mengecat** dinding témbok. 당신은 담벼락 벽을 **칠해야 합니다.**
Anda harus **cat** dinding témbok.   (비격식 문장임)
Anda harus **ngecat** dinding témbok.   (비격식 문장임)

||||||||||||||||||||||||||||||||| 🌿 **단 문장 공부** |||||||||||||||||||||||||||||||||

Bagaimana keadaan (kondisi) ibumu? 네 엄마 상태가 어떠시니?
Keadaan ibuku sudah membaik.   **제 엄마 상태는** 이미 좋아지셨어요.
Aku **sungguh tak mau bicara** denganmu. 나는 너와 **정말 얘기하기 싫다.**
Biarkan semua orang tahu.   모두가 알게 **놓아둬라.**
Pilihlah benda **yang sesuai dengan minat kamu.** 너의 취향과 어울리는 물건을 골라라.

 minat, selera 취향

Di kanan kiri, **got mampat.**   좌 우에는, 도랑이 막혀 있었다.
Bermain ini **tidak begitu sulit.**   이 게임은 그렇게 힘든 게 아니다.
Paman melédékku, "**mabuk** karena ngantuk." 삼촌은 나를 놀렸다. "졸러서 **취했다고.**"
Dia membuat selimut **dari kain perca.** 그는 자투리 천으로 이불을 만들었다.

Saya akan mengirim orang ini.   내가 이 사람을 보낼 거다.

Orang itu jujur dan pintar.
Aku bisa membuktikannya.

그 사람은 착하고 똑똑해.
내가 보증해 줄 수 있어.

사람을 보내서 부탁하고 보증하는 문장

Saya sudah **tidak ingat apa-apa lagi.**
Tentu saja tidak sendiri, tetapi ditemani aku.
Aku selalu lupa **mematikan keran air.**

나는 이미 **아무것도 더 기억나지 않았다.**
당연히 혼자가 아니다, 내가 함께 합니다.
나는 항상 **수도꼭지를 잠그는 것을** 잊는다.

Saya **mau melanjutkan pekerjaan** ke Koréa.

저는 한국에 가서 **일을 계속하려고 합니다.**

Lalat dan debu **beterbangan dengan bebas.**
Aku **berbisik mengingatkan** Ressi.
Penjahat itu dimasukkan **ke dalam sél.**
Ia **mempekerjakan** teman saya.

파리와 먼지가 **자유롭게 날아다녔다.**
내가 레시에게 **경고하면서 속삭였다.**
그 악당을 **감옥 안으로 수감되었다.**
그는 내 친구를 **고용했다.**

Berkali kali saya mengajak ayah ngobrol,
tapi dia tidak hiraukan.
Ketika saya ditanya oléh teman,
saya terdiam tak bisa menjawab.

여러 번 나는 아버지께 이야기하자고
했지만, **그는 관심을 가지지 않았다.**
내가 친구에게 질문받을 때,
답을 할 수 없어서 나는 조용히 있었다.

Saya berharap **Bapak dapat mengabulkan**
permohonan saya.
Apa pun yang terjadi,
saya akan segera pulang.

저는 선생님께서 저의 부탁을
들어 줄 수 있기를 바랍니다.
어떤 일이 일어나도,
나는 즉시 돌아올 것이다.

Karena gugupnya,
saya kehilangan keseimbangan.
Lepaskan aku.
Tuntutlah ilmu sejak kecil.

당황했기 때문에,
나는 중심을 잃어버렸다.
나를 놓아라. (날 잡지 마라)
어릴 때부터 **학문을 추구하라.**

❖ Me~kan 접두 접미 동사

Me-kan 동사에 대해서 공부합시다. 특히, **me~kan** 동사는 정말 중요하고 사용 용도가 엄청 많으니 잘 숙지하세요.

Me-kan 접두사의 변화는 앞에서 설명한 바와 같이 **어근에 따라서 변합니다.**

Me-kan 동사는 대부분의 경우 **~하게 만들다, ~해주다**라고 하는 뜻을 많이 갖고 있습니다. 대부분의 뜻이 그러하니, 그렇지 않은 것만 외워도 무방합니다. **동사의 원래의 뜻과 같은** 경우도 자주 있으니 문장 속에서 잘 판단하세요. **마음 상태가 ~하다**라는 뜻도 있으니 주의하세요.

meminjam 빌리다	meminjamkan 빌려주다
memanggil 부르다	memanggilkan 불러주다
membuat 만들다	membuatkan 만들어 주다
séhat 건강한	menyehatkan 건강하게 하다
menyéwa 임대하다	menyéwakan 임차하다, 세를 놓다
duduk 앉다	mendudukkan 앉히다, 앉게 만들다
masuk 들어가다	memasukkan 들여보내다, 집어넣다
membeli 사다	membelikan ~을 사주다
panas 더운	memanaskan 덥게 하다, 데우다
dingin 추운	mendinginkan 식히다, 차게 하다
bersih 깨끗한	membersihkan 청소하다, 깨끗하게 하다
membuka 열다	membukakan 열어주다
menjual 팔다	menjualkan ~을 팔아주다

상기 단어는 **~하게 하다, ~해주다**라는 뜻이니 참고하세요.

membanggakan 자랑스러워 하다   menakutkan 무섭다, 무서워하다

memusingkan, 골치아프게 하다   memuaskan 흡족해 하다, 만족시키다, 요구를 채우다

상기 단어는 **마음 상태가 ~ 하다**라는 뜻을 갖고 있습니다.
예문을 보시고 **me~kan** 동사를 잘 익히세요.

Saya **menyéwa** rumah di Dépok.   나는 데뽁에서 집을 **임대했다**.

Saya **menyéwakan** rumah.   나는 집을 **세놓았다**.

Aku **meminjam** uang dari teman.   나는 친구에게 돈을 **빌렸다**.

Aku **meminjamkan** uang kepada teman.   나는 친구에게 돈을 **빌려주었다**.

Aku **memasukkan** belanjaan ke keranjang.   난 쇼핑 물건을 바구니에 **넣었다**.

Ibu **membuatkan** aku kué.   엄마는 나에게 과자를 **만들어 주셨다**.

Olahraga teratur **menurunkan berat badan.**   규칙적인 운동은 몸무게를 **줄여 준다**.

Budi **memberikan** pacarnya hadiah ulang tahun.   부디는 애인에게 생일 선물을 **주었다**.

  여기선 **memberi** 와 **memberikan**은 의미가 같습니다.
가끔은 뜻이 같은 경우도 있으니 참고 바랍니다. 동사의 뜻에 따라 같을 수가 있습니다.

Saya **mencarikan** Andi **rumah kontrakan**. 나는 안디에게 **하숙집**을 찾아 **주었다**.

  rumah kontrakan, rumah séwaan 하숙 집, 임대 집

Saya **membawakan** teman tas baru.   나는 친구에게 새 가방을 **가져다주었다**.

Ali **menghadiahkan** istrinya mobil baru.   알리는 부인에게 새 차를 **선물해 주었다**.

Réssi **menjualkan** mobil Ali.   레시는 알리의 차를 **팔아주었다**.

Saya **mencucikan** mobil ayah.   나는 아버지의 차를 **씻겨 주었다**.

Me-kan 동사는 ~에 관한 **(tentang, mengenai)**의 뜻을 내포하고 있습니다.
그러나 **tentang**도 같이 쓰는 경우도 있으니 참고바랍니다.

아래처럼 **me~kan** 동사에서 예외적인 뜻이 있으면 그때그때 외우도록 합시다.
몇 개 안됩니다.

menyelesaikan 끝내다, 해결하다   menawarkan 팔려고 내놓다

menghentikan 정지시키다, 일을 끝내다   memanaskan 뜨겁게 하다, 데우다

menggambarkan 예를 들어 설명하다　　　　mendengarkan 귀 기울여 듣다
mendiskusikan 토론하다　　　　　　　　　meminggirkan 길가로 옮기다
menstabilkan 안정시키다

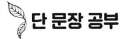 **단 문장 공부**

Pemandangan bawah laut indah sekali.　　바다 밑 경치는 정말 아름다웠다.
Perjalanannya jauh dan lama sekali.　　　그 여정은 멀고 매우 오래 걸렸다.
Meskipun sulit, aku terus mencobanya.　　비록 어렵지만, 나는 계속 시도해 보았다.

Saya salah beli barang ini.　　　　　　　　저는 이 물건을 잘못 샀어요.
Novél ini patut **kamu baca.**　　　　　　　이 소설은 **네가 읽기에** 적합하다.
Tepat sekali jawaban kamu.　　　　　　　너의 답은 **정말로 정확하다.**

Polisi menyelidiki　　　　　　　　　　　경찰은 화재 발생
sebab-sebab terjadinya kebakaran.　　　원인들을 조사했다.

Jaksa menyita barang bukti korupsi.　　　검사는 횡령 증거물을 **압수했다.**
Meréka **memonopoli** barang-barang itu.　　그들은 그 물건들을 **독점(매점)했다.**
Saya dipaksa menandatangani **surat periksa.**　나는 **조사 서류에** 서명하도록 강요받았다.

Saya disuruh　　　　　　　　　　　　　나는 네 어머니에게서 **그 TV를**
ibumu membawakan TV-nya.　　　　　가져오라고 명령받았다.
Kamu tidak boléh begitu.　　　　　　　　**너는 그렇게 하면 안 돼.**

Kamu tahu, kan akibatnya.　　　　　　너 알잖아, 그 결과를.
Kerugian **ditaksir** mencapai Rp 1 triliun.　손해는 1조 루피아까지 이를 거라 **추측된다.**
Kita tidak boléh **menyinggung**　　　　　우리는 다른 사람의 **감정을**
atau **menghina (mencaci) orang lain.**　　건드리거나 모욕해서는 안 된다.

Kamu harus memberi alasan　　　　　　　너는 그 일에 대하여 **왜 찬성하는지**
mengapa setuju atau tidak tentang hal itu. 아닌지 이유를 줘야 한다.

Jelaskan pula **kapan** dan　　　　　　　언제 그리고 무엇을 위하여
untuk apa kamu melakukan hal itu.　　　너는 그 일을 하는지 또한 설명하라.

Dari Jakarta kami naik bus **kurang lebih lima jam** sampai désa terakhir.
자카르타에서 우리는 마지막 마을까지 **적어도 5시간** 버스를 탔다.

Dia sudah memenuhi **syarat batas usia** menjadi pendonor.
그는 이미 헌혈자가 되는 **나이 제한 조건을** 채웠다.

Sebentar lagi **ada jumpa penulis buku** "Petualangan Tami".
잠시 후 "따미의 방랑" **책 작가와의 만남이 있습니다.**

Susu itu harus direbus dahulu sebelum diminum.
그 우유는 마시기 전에 **먼저 끓여야 합니다.**

Meskipun tidak dapat bertemu muka, kita bébas menceritakan berbagai hal.
비록 얼굴은 볼 수 없지만, 우리는 여러 가지 일을 자유롭게 이야기했다.

Saat krisis ékonomi 6 tahun yang lalu perusahaan tékstil itu **bangkrut (gulung tikar).**
6년 전 경제 위기 때 그 직물 회사는 **부도가 났다.**

Tulislah petunjuk melakukan hal itu!
그 일을 하는 **설명서를 써라!**

|단어 공부|

waspada	조심하다
menjelajah	탐험하다
telanjur	지나치다, 더 가다, 과하게 하다
duri	가시
berkeliling	돌아다니다
berbaur	~와 섞이다

❖ Me-I 접두 동사

1. Me-i 동사 또한 접두사 변화는 **me 동사**와 **me -kan 동사**와 같습니다.

2. Me-i 동사는 동사와 결합하여 **di, ke, dengan, kepada**의 뜻을 내포하고 있습니다. 문장 속에서 공부하세요.

Menduduki **(duduk di)**	~에 앉다
memasuki **(masuk ke)**	~에 들어가다
menanyai **(bertanya kepada)**	~에게 질문하다
menemui **(bertemu dengan)**	~를 만나다
menghadiri **(hadir pada)**	~에 참석하다

(ex) Ayah saya **menduduki (duduk di)** sofa sambil membaca Koran.
아버지는 신문을 읽으면서 소파에 **앉아** 있습니다.
Temanku **memasuki (masuk ke)** bioskop dengan pacarnya.
내 친구는 자기 애인과 극장으로 **들어갔다.**
Murid itu **menanyai (bertanya kepada)** guru tentang masalah itu.
그 학생은 그 문제에 대해서 선생님**께 질문했다.**
Saya **menemui (bertemu dengan)** pacar temanku di jalan.
나는 길에서 내 친구 애인을 **만났다.**
Ayah saya **menghadiri (hadir pada)** pernikahan temannya.
아버지는 친구 결혼식에 **참석하셨다.**

3. Me~ i 동사는 여러 번 반복하다 라는 뜻을 갖고 있습니다.

memukuli (berkali kali memukul) 여러 번 때리다   mencubiti 여러 번 꼬집다

Dia memukuli anaknya karena anaknya begitu nakal.
그는 그 아이가 너무 개구쟁이기 때문에 그 아이를 여러 번 때렸다.

4. me~ i 동사는 ~을 주다, ~을 하다라는 뜻을 갖고 있습니다.

membiayai 비용을 내다   mewarnai 색깔을 칠하다
menasihati 조언을 주다   menamai (memberi nama) 이름을 지어주다

Dia menasihati saya bekerja keras. 그는 나에게 열심히 일하도록 충고했다.
Ibu menamai adikku Ali.   엄마는 내 동생에게 알리라는 이름을 지어 주셨다.

Me~kan 동사와 me~i 동사는 너무 중요하고 편리합니다. 정독하셔서 사용 용도를 잘 익히시고 문장 속에서 뜻을 잘 파악해 보세요.

Me~kan과 me~i의 정확한 구분은 없지만 구분하자면 me~kan은 목적어의 의중이 **반영되어 목적어의 결과를 나타냅니다.** 반면에, **me~i는 주어의 의중이 반영됩니다.** 즉, 주어의 행동이 이루어진다는 뜻이죠. 본인이 스스로 행동한다는 의미입니다. 그러나 보통 쓰이는 용도가 거의 정해져 있습니다. 공부하면서 잘 익히세요.

Anak itu menduduki méja.	그 아이는 책상 위에 앉았다.
Petugas itu sedang **menaikkan bendera.**	그 근무자가 **국기를 게양합니다.**
Orang tua memasukkan barang itu ke dalam kantong plastik.	**부모님은** 그 물건을 비닐봉지에 **넣으셨다.**
Orang tua **mendudukkan** aku di kursi.	부모님은 **나를** 의자에 **앉혔다.**

Me-i 동사는 여러 상황에서 여러 가지 쓰임이 있습니다. 아래 몇 가지는 자주 사용하는 단어이니 그냥 외우고 나머지는 그때그때 익히도록 합시다.

mendekati **다가가다**	dekat 가까운
menghampiri **다가가다**	hampir 거의, 대략, 가까이, 근접하여
menjauhi **멀리하다**	jauh 멀리, 먼
mengotori **더럽히다**	kotor 더러운
menguliti (**가죽, 피부**) **벗기다**	kulit 껍질

mengairi 관개하다	mengobati 치료하다	menghadiahi 선물하다
menghormati 존경하다	menugasi 지시하다, 임무주다	menggarami 소금 치다
menandatangani 서명하다	menanyai 질문하다	mengunjungi 방문하다
menemui 만나다	mengambili 계속해서 가지다	memukuli 계속해서 때리다
menguningi 노랗게 칠하다	ménakuti 위협하다	menyeberangi 건너가다
membului 털을 뽑다	menyisiki 비늘을 벗기다	menguliti 가죽을 벗기다
mencampuri 끼어들다, 간섭하다	menasihati 충고하다	membohongi 거짓말하다
memperbaiki 수리하다, 고치다		

Me-i 접두사를 사용하는 게 많지 않으니 외우시는 게 좋을 것 같습니다.

Jangan mendekati saya.	나에게 다가오지 마라.
Jangan mendekat! Di sini berbahaya.	다가오지 마라! 여기 위험하다.
Menjauh dari sini! Berbahaya!	여기서 멀리 가라! 위험하다.

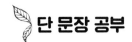

Jelaskan **hasil rapat kemarin** padaku.
Siapa saja yang hadir pada rapat itu?
Ini apa namanya?
Apa ini namanya
dalam bahasa Indonésia?

어제 **회의 결과**를 나에게 설명해 봐라.
그 회의에 **참석한 사람**은 누구누구니?
이것은 그 이름이 뭐예요?
이것은 그 이름이 인도네시아어로
무엇입니까?

Itu artinya apa? Artinya apa?
Itu maksudnya apa? Maksudnya apa? "
Tolong terjemahkan kalimat ini.
Jelaskan lebih lanjut.

그것은 뜻이 무엇입니까?

이 문장을 **번역해 주세요.**
더 상세히 설명해 주세요.

 lebih lanjut, panjang lebar 더 상세하게, 길게

Bagaimana melafalkan kata ini?

이 단어의 **발음을 어떻게 합니까?**

 pelafalan, pengucapan, lafal 발음

Permintaanmu membuat aku bingung.
Coba perhatikan ciri-ciri benda ini.
Lalu **amatilah** ciri ciri benda ini.

너의 부탁이 나를 혼돈스럽게 만들었다.
이 물건의 특성을 잘 **봐라.**
그리고 이 물건의 특징을 **조사해 봐라.**

Bertahun tahun lamanya
saya tinggal di Dépok.
Pesawat itu nggak bisa mendarat
karena kabut.

수년 동안
나는 데뽁에서 살았다.
그 비행기는 안개 때문에
착륙할 수 없습니다.

Saya akan mewakilkan (mengutus)petugas lain
di sidang(rapat) itu.
Kecantikan kamu seindah bulan.
Anda besar di mana?
Saya besar di Bogor.

나는 그 회의에 다른 근무자를
대표로 보낼 것이다.
네 미모는 달처럼 아름답다.
당신은 어디서 자랐나요?
저는 보고르에서 자랐어요.

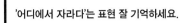'어디에서 자라다'는 표현 잘 기억하세요.

Ayu **jatuh sakit** sepulang dari perjalanan.	아유는 여행에서 돌아 오자마자 **몸져 누었다.**
A : **20 menit lagi,**	**20분 후에,**
aku akan sampai ke sana.	나는 거기에 도착할 거야.
B : **Sampai aku tiba**, kamu harus tunggu ya.	내가 도착할 **때까지,** 너는 기다려야 해.

Mari kita bersama bergotong royong.	우리 함께 협동합시다.
Kapan kamu bisa **mengantar** barang itu?	언제 당신은 그 물건을 **배달해** 줄 수 있나요?
Coba dipikirkan lagi selama 3 hari.	3 일 동안 **다시 생각해 보세요.**

Sudah diputuskan?	결정하셨어요?
Sudah dipilih?	선택하셨나요?
Minta bill. Minta bon .	계산서 주세요..
	(식사 후 계산시 두 문장 밖엔 없습니다.)
Jelaskan **langkah-langkah** pembuatan **parasut mainan.**	장난감 **낙하산을** 만드는 **방법들을** (조치들을) 설명하라.

|단어 공부|

gejala 증상
gelandangan 노숙자
rawat 치료하다
segera 즉시
mendoakan 기도해주다
merépotkan 바쁘게 만들다, 귀찮게, 힘들게 하다
déwasa 어른

❖ Memper~ 접두 동사

1. memper + 명사와 결합하면 ~으로 대하다, ~으로 취급하다, ~로 여기다의 뜻을 나타냅니다.

Orang itu **memperbudak** aku . 그 사람은 나를 노예 취급했다.

Sebagian besar perusahaan memperkuda tenaga kerja karyawan.
대부분의 회사는 직원들의 노동력을 착취한다(하인 취급하다, 일을 많이 시키다).
Saya akan memperistri perempuan itu dari Sukabumi.
나는 수까부미에서 온 그 여자를 아내로 맞을 것이다(아내로 대할 것이다).

2. memper + 수량이나 길이, 깊이, 무게, 속도 등의 단어가 오면 점점 ~더하다라는 뜻이 됩니다. 자주 사용되니 잘 기억합시다.

memperdalam 더 깊게 하다　　　　　　**memper**ingan 더 가볍게 하다
mempermudah 더 쉽게 하다　　　　　　**memper**sulit 더 어렵게 하다
mempertinggi 점점 높이다　　　　　　**memper**lebar 더 넓히다
memperluas 더 넓게 하다　　　　　　**memper**lelah 더 피곤하게 만들다
memperpanjang 길이를 길게 하다　　　**memper**cepat 더 빠르게 하다
memperjelas 더 분명하게 하다　　　　**memper**keras 점점 강하게 하다

Saya **mempercepat** kecepatan mobil.　　나는 차 속도를 **가속했다**
Dia **mempersulit** masalah itu.　　　　그는 그 문제를 **더 어렵게 했다**

 위와 같은 memper 동사를 잘 기억하시고, 나머지 memper 동사는 그렇게 많지 않으니 외우도록 하세요. 그러나 개념은 충분히 알고 가시는 게 좋겠죠?

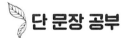 단 문장 공부

Saya mengerti perasaan kamu, tetapi tidak bisa mengerti masalah kamu.
나는 너의 기분을 안다, 그러나 너의 문제를 이해할 수 없다.
Saya berpikir kamu akan setuju dengan keputusan saya.
나는 네가 나의 결정에 찬성할 거라고 **생각한다.**

Dengan demikian, tidak menyinggung perasaan orang yang kamu ceritakan.
그렇게 하면, 네가 말하는 사람의 감정을 건드리지 않는다.
Apa saja yang harus diperhatikan saat membuat suatu barang?
어떤 물건을 만들 때 주의해야 할 것은 무엇무엇이니?

Paman menggantungkan lukisan hasil karyanya di ruang tamu.
삼촌은 거실에 그 작업의 결과물인 그림을 걸었다.

Di sinilah **tempat penemuan** benda-benda bersejarah.

여기가 역사적인 물건들의 **발견 장소다**.

Kenaikan harga bahan pokok memengaruhi kenaikan harga barang yang lain.

주 재료의 가격 상승은 다른 물건 가격 상승에 영향을 준다.

Toko itu menghadap ke arah selatan dan **berseberangan dengan Bank BNI.**

그 가게는 남쪽 방향으로 향해 있고 BNI 은행과 서로 마주하고 있습니다.

Pengalaman itu **sungguh tak akan kulupakan**.

그 경험은 정말로 내가 잊을 수 없을 것이다.

Saya bangga mempunyai pegawai seperti Anda sekalian. (Anda semua)

나는 당신들과 같은 직원을 가지고 있어서 자랑스럽습니다.

Jika kita makan makanan berformalin dalam waktu lama, **kita dapat terkena kanker**.

만일 우리가 오랜 시간 동안 포르말린 음식을 먹는다면, **우리는 암에 걸릴 수 있다.**

Hakim memvonis pengedar narkoba dengan hukuman mati.

판사는 마약 조달자를 사형으로 **판결했다.**

Nanti, kita bisa berkumpul **seperti dulu lagi**, **bisa makan bareng** dan **bercanda ria.**

나중에, 우리는 **전처럼 다시** 모일 수 있고, 같이 먹고 즐겁게 농담할 수 있다.

Apakah semuanya berjalan lancar **sesuai dengan perencanaanmu?**

모든 것이 네 계획대로 잘 되고 있니?

Aku akan melakukan **sesuai dengan permintaan kamu.**

나는 **너의 부탁대로** 할 거야.

Aku akan menerima permintaanmu.

나는 너의 부탁을 들어 줄 거야.

Hal ini **tak bisa ternilai harganya.**

이 일은 그 값을 매길 수 없습니다.

Pekerjaan bésok **lain dari biasanya.**

내일 일은 보통과 다르다.

Saya terpaksa dibawa oléh petugas imigrasi.

나는 어쩔 수없이 이민국 직원에 의해 **강제 연행됐다.**

Dahulukanlah membeli barang yang penting.

중요한 물건을 사는 것을 우선시해라.

Jelaskan **makna gambar** di samping.

옆에 있는 **그림의 뜻을** 설명하라.

Saya enggak bisa menentukannya **sesuka hatiku.**

저는 그 일을 제 마음대로 결정할 수 없습니다.

Saya tidak tahu **bagaimana harus mengerjakan hal itu**.

나는 그 일을 어떻게 처리해야 할지 모르겠다.

Katakan padaku, **jangan malu malu**. **Bekerja samalah** dengan temanmu.

부끄러워하지 말고, 나에게 말해라. 친구와 **협동하세요**.

|단어 공부|

traktir	한턱내다
barusan, baru, baru saja	방금
dongkol, bosan	질린, 지루한, 싫증나는
tradisional	전통적인
bungkus	포장

❖ memper~ kan 접두 동사

memper~ kan 동사는 ~을 되게 하다, ~을 하게 하다의 의미를 가집니다.
me~kan 동사와 뜻이 같을 때가 가끔 있습니다.

mempertaruh**kan** 담보 잡히다
mempersatu**kan** 통일시키다
memperganda**kan** 두배로 늘리다
memperselisih**kan** 분쟁하다

memperkenal**kan** 소개하다
mempersumpah**kan** 선서시키다
memperbincang**kan** 토의하다
mempertanya**kan** ~을 문제시하다,
질문 소재로 삼다

Dia **memperlakukan** saya sebagai narapidana. **Jangan perlakukan** saya sebagai penjahat.

그는 나를 죄인 취급했다. 나를 죄인 취급하지 마라.

mempertemu**kan** 만나게 하다
memperdengar**kan** 들려주다
memperingat**kan** 경고하다
memperlihat**kan** 보여주다
memperlakukan ~취급하다, 대하다

mempersoal**kan** 문제화하다
mempersalah**kan** ~ 탓으로 돌리다
mempermasalah**kan** ~를 문제시하다
mempertimbang**kan** 심사숙고하다

위에 있는 단어 정도가 **memper** 동사이니 너무 문법 신경 쓰지 말고 외우세요.

여러분은 문법을 공부하면서 많은 단어를 공부하고 있습니다. 문법을 공부하면서 단어도 집중하세요.

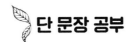

Ali tidak begitu disukai teman-teman **karena sifatnya yang perhitungan**.
계산적인 그의 성격 때문에 친구들이 알리를 그렇게 좋아하지 않는다.

Harga baju itu **harga pas**, jadi tak bisa diskon.
그 옷 가격은 **정가예요,** 그래서 할인할 수 없어요.

Pada awal, kami membangun perusahaan ini, **pengeluaran kami** lebih besar daripada **pemasukan.**
처음에, 우리가 이 회사를 만들었는데, **우리의 지출은 수입**보다 더 컸다.

Oléh karena itu, **hampir dua tahun** kami mengalami kerugian.
그래서, **거의 2년을** 우리는 손해를 겪었다.

Semua karyawan **diharapkan hadir tepat waktu** dengan berpakaian rapi.
모든 직원은 옷을 깨끗이 입고 **정시에 참석하길 바란다.**

Kantor apa **yang berdekatan** dengan balai désa?
마을 회관과 **인접한 사무실은** 무슨 사무실이냐?

Tiga dari empat orang yang tinggal di Jakarta **memiliki kebiasaan mudik** pada waktu Lebaran.
자카르타에 **사는 사람 4명 중 3명**은 르바란 기간 때에 **귀향하는 관습을** 갖고 있습니다.

Hakim telah **menjatuhkan vonis(memvonis)** kepada **terdakwa (tertuduh) kasus korupsi.**
판사는 **횡령 사건 피고인에게** 판결을 내렸다.

Mana mungkin **meniadakan mereka**.
그들을 소홀히 한다는 것은 불가능하다.

Ketika terjadi pertengkaran datanglah temanku yang cerdik **hendak melerai**.
싸움이 벌어졌을 때 현명한 내 친구가 **중재하려고** 왔다.

Dalam hati, **aku mencurigai kawan itu.**
마음속으로, **나는 그 친구를 의심했다.**

Aku sangat kesepian karena selalu tinggal sendiri.
나는 항상 혼자 살았기 때문에 매우 외로웠다.

Aku tidak bisa **bergerak lagi** dan **tidak berdaya.**
나는 더 움직일 수도 없고 힘이 없었다.

Kita tidak boléh berbuat seénaknya.

Polisi memenjarakan pencuri

yang ditangkap tadi malam.

Tanah semakin sempit

karena banyak rumah dibangun.

Tolong, perkecil sedikit suara télévisi itu.

Dibiarkan istrinya pergi sendiri.

우리는 마음대로 행동해서는 안 된다.

경찰은 어젯밤 잡은

도둑을 감옥에 보냈다.

땅은 점점 **좁아진다** 왜냐하면

많은 건물이 지어지기 때문이다.

TV 소리를 **조금 줄여 주세요.**

그의 아내가 혼자 가는 걸 **내버려 둬라.**

|단어 공부|

menyelam	잠수하다
bocor	공기 등이 새다, 유출하다
melaju	빠르게 나아가다
fanatik	열렬한
menénténg	~을 나르다
mengulurkan	밧줄을 풀다
silih	상호간, 서로, 바꾸다, 교환하다
terowongan	터널
siap-siap	준비하다
tanggal mérah	휴일
rékomendasikan	추천하다
arsitek	건축가, 기술자
insinyur	기사, 공학자
koreksilah, perbaikilah	수정하라
pengisi suara, dubber	성우
eksprésif	표현이 풍부한
berakting	연기하다

❖ memper-i 접두 접미 동사

Pemerintah Korea **mempersenjatai** para tentara
dengan senjata canggih.
Para petani **memperkebuni** sawah
dengan cangkul.

한국 정부는 현대 무기로
군인들을 **무장시켰다.**
많은 농부들이 괭이로
논을 **경작합니다.**

Ayah saya **memperbaiki** radio yang rusak.　　아버지는 고장난 라디오를 **고쳤다.**

위 문장처럼 memper + 명사, 형용사 + i와 결합하여 어근의 뜻을 설명합니다.

memperbarui ~을 새롭게 하다　　　　　　　memperingati 기리다, 기념하다.
memperbaiki 수정하다, 고치다, ~을 좋게 하다　　memperkebuni 경작하다, 정원 꾸미다
mempertakuti 두렵게 하다 등과 같은 뜻을 가집니다.

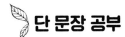 단 문장 공부

Mama **menyarankan**
aku berlibur ke Kalimantan.
Aku sedang mengalami **hal yang sulit.**
Aku harus mencari jalan keluar
untuk menyelesaikan masalah itu.

엄마는 깔리만탄으로
내가 휴가 가길 **제안했다.**
나는 지금 **어려운 일을** 겪고 있다.
저는 그 문제들을 해결하기 위하여
해결책을 찾아야 합니다.

 solusi, jalan keluar 해결책

Aku dipecat karena krisis ekonomi.
Kerjakan soal soal **berikut ini. (di bawah ini)**
Aku **pindah perusahaan.**

나는 경제 위기 때문에 **해고됐다.**
아래 문제들을 처리해 봐라.
나는 **회사를 옮겼다.**

Beliau berjuang **untuk mewujudkan**
Indonésia merdeka, setelah merdeka,
dia diangkat menjadi Menteri Pendidikan.

그분은 인도네시아 독립을
실현 시키기 위하여 싸웠다, 독립 후,
그는 교육부 장관으로 **추대됐다.**

Sebagian uang diambil untuk membeli sepatu.
Sisanya tetap disimpan
untuk keperluan lain.
Meskipun kecil, **jika ditotal**
jumlahnya menjadi besar.

신발을 사기 위하여 **돈 일부를 찾았다.**
다른 필요한 것을 위하여
남은 것은 여전히 보관했다.
비록 적지만, 만일 합하면
그 액수는 크게 된다.

Mari kita **saling berterus terang.**
Mari kita berbaikan lagi.

우리 서로 솔직히 얘기합시다.
우리 다시 화해하도록 합시다.

rukun kembali, berbaikan lagi 다시 화목해지는 　　**berdamai** 평화로운

Aku menyembunyikan **idéntitasku.** 　　나는 **내 신분을** 숨겼다.

Aku tak pernah memikirkan kamu. 　　나는 너를 생각한 적이 없다.

Astaga, kamu **benar-benar nekat.** 　　맙소사, 너는 정말 **무모하다.**

Rapat ini **lanjutan rapat kemarin.** 　　이 회의는 **어제 회의의 연장이다.**

Saya tak mau mengabulkan permintaanmu. 　　나는 너의 부탁을 들어 주고 싶지 않다.

Dahulu lain, sekarang lain. 　　옛날도 다르고, 지금도 다르다.

Jelaskan secara singkat **dan sertakan contoh!** 　　간단하게 설명하고 **예를 첨부해라!**

Beckham pernah mengalami kegagalan 　　베컴은 실패를 경험했고 팬으로부터

dan kecaman dari para penggemarnya. 　　강한 비난을 받은 일이 있습니다.

Ulurkan tanganmu agar saya naik kapal. 　　내가 배에 타도록 **네 손을 내 밀어라.**

|심층 공부|

asal mula, asal usul 처음 　　　　　　　**pegawai, karyawan** 직원

zaman dahulu, dahulu kala 옛날에

menciptakan, membuat 만들다, 창조하다

seumur hidup, sepanjang hidup, sepanjang umur 평생 동안, 일생 동안

접속사

selama, sementara ~하는 동안	kemudian, lalu 그런 후, 그다음에
setelah, sesudah, sehabis ~한 후에	sebelum ~ 하기 전
jadi 그래서	oleh karena itu,oleh sebab itu 그래서, ~때문에
sambil, seraya,sembar ~하면서	gara gara, karena, sebab ~ 때문에
akibat ~의 결과, ~로 인하여	sehingga 그래서 ~하다
bahwa ~한다는 것, ~이라는 것	berdasarkan ~에 기초하여
akhirnya 결국, 마침내	soalnya 아무튼, 즉
sebagai hasilnya 그 결과로	dan, serta 그리고, ~와
begitu ~하자마자, 그렇게	bahkan 심지어 ~까지, 더욱이

agar, supaya, biar, untuk, demi, buat ~하도록

baik ~maupun ~ 뿐만 아니고　　　　tetapi, tapi, namun 하지만, 그러나

meskipun demikian 비록 그러하지만, 그렇지만

meskipun, walaupun, biarpun (meski, walau, biar) 비록 ~하지만

jika, kalau, jikalau, apabila, bila, asal, asalkan, seandainya 만일 ~이라면

bagaimanapun 어떠하든, 어쨌든　　　maka 그래서

misalnya, contohnya 예를 들면　　　atau 또는, 혹은

sebagaimana, seperti ~와 같이, ~처럼　tidak hanya, bukan hanya ~뿐만 아니다

sedangkan, sebaliknya, melainkan, padahal ~인 반면에

dengan kata lain 다시 말해서, 다른 말로　saat, sewaktu, ketika ~할 때

berkaitan dengan, berhubungan dengan, sehubungan dengan ~와 관련하여

sejak, semenjak ~부터 ~한 이래로　　selain itu, di samping itu 그 외에도

apalagi, lagipula, lagian, tambahan lagi 게다가

dari~ sampai ~에서 ~까지

> 접속사로서의 단어를 최대한 모았습니다. 접속사 단어는 매우 중요하니 유념하시어 꼭 외우세요.
> 여러 문장에서 계속 나오니 문장에서 잘 익히세요.

Kapal yang menyeberangkan penumpang 섬 사이의 손님과 화물을
dan **barang antarpulau** disebut Feri. 건너게 해주는 배를 페리라 부른다.
Berebutan dan berdesak-desakan di lokét 매표소에서 서로 경쟁하고
akan menimbulkan kekacauan. 서로 밀치면 혼란을 일으킬 것이다.

Untuk membeli sebuah rumah, 집을 한채 사기 위하여, 사람들은
orang-orang **perlu berpikir matang** karena 충분히 생각해야 할 필요가 있습니다
ada banyak hal **yang harus dipertimbangkan**. 왜냐하면 감안해야 할 것이 많기 때문이다.

Saya **mendapat tawaran** untuk bekerja 저는 외국에서 5년 동안 근무하라는
di luar negeri selama lima tahun. 제의를 받았어요.
Saya akan mempertimbangkan **tawaran itu**. 저는 그 제의를 고려할 것입니다.

Teman-teman yang gemar membaca 책 읽기를 좋아하는 친구들은
harap segera bergabung 책 사랑 클럽에
dalam Klub Pencinta Buku. 서둘러 합류하길 바란다.

Penampilannya lucu, lugu, dan polos. 그의 외모는 웃기고, 꾸밈없고, 평범했다.
Ada yang menyerobot antréan di depanku. 내 앞에서 줄을 새치기하는 사람이 있었다.
Aku menegur orang itu dengan ramah. 나는 점잖게 그 사람을 나무랐다.
Orang itu meminta maaf 그 사람은 미안하다고 하고서는
lalu antré di belakangku. 그런 후 내 뒤에서 줄을 섰다.

Siapa pemain bola favoritmu? 네가 좋아하는 축구 선수는 누구니?
Ketika kecil malas bekerja, 어릴 때 게을리 일하면,
sudah besar pasti sengsara. 커서는 확실히 고통받는다.
Seorang résépsionis memberi petunjuk 한 안내원이(접수 계원) 손님들에게
arah dan **lokasi** kepada para tamu. 방향과 위치 설명을(안내를) 하고 있었다.

lift, elevator 엘리베이터　　　　　ruang kerja 작업실

16

시간에 대한 공부 🔊))

시간을 나타내는 단어는 Jam과 Pukul이다. **Pukul은 몇 시간처럼 시간의 양을** 표시할 땐 쓰지 않습니다. Jam은 두 가지 모두 사용할 수 있습니다.

Sekarang **jam berapa? Pukul berapa** sekarang?   지금 **몇 시니?**
Sekarang **jam (pukul)** 3 siang.   **지금** 낮 3시야.
Aku mendaki gunung **selama 3 jam**.   나는 3시간 동안 **등산했다.**

여기서 3 jam은 **3 pukul 로 사용할 수 없습니다.** 왜냐하면 몇 시간 동안이라는 시간의 양은 pukul 을 쓸 수 없습니다. 3 jam은 **세 시간을** 표시하고 jam 3은 **세 시를** 표시하니 잘 구분하세요.

lima belas menit, seperempat : 둘 다 **15분을** 나타낼 수 있습니다.

Aku berangkat ke kantor pada **jam enam lima belas menit** pagi.
나는 아침 **6시 15분에** 사무실로 출발했다.
Sekarang **pukul 11 seperempat** siang.
지금은 낮 **11시 15분이다.**

30분의 표시는 tiga puluh menit 혹은 setengah 를 쓸 수 있습니다. setengah를 쓸 경우 setengah 뒤에 **1시간을** 더하여 표시합니다.

3시 30분 — pukul tiga 30 menit 혹은 **pukul setengah 4**
5시 30분 — jam lima 30 menit 혹은 **jam setengah 6**

몇 분 전 표현은 **kurang** 단어를 사용하고 **정각을** 표시 할 땐 **tepat을** 사용합니다.

Saya harus berangkat pada **pukul 7 kurang 10 menit.**
나는 6시 50분에 출발해야 합니다. (7시 되기 10분 전에)
Saya harus menghadir rapat **tepat jam 7 pagi.**
나는 **아침 7시 정각에** 회의에 참석해야 합니다.

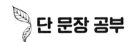
Kamu **sangat hébat.**
Kamu bekerja **mencari nafkah**
dari subuh hingga petang.
Waktu berlalu dengan tenang
tanpa tunggu kamu.
Waktu berlalu **tanpa kamu sadar.**

당신은 **정말 대단하다.**
당신은 생활비를 **벌기 위해**
새벽부터 오후까지 일합니다.
시간은 **너를 기다리지 않고**
조용히 지나간다.
시간은 **네가 알지도 못하는** 사이에 지나간다.

Bagi manusia **tak ada yang tidak mungkin.**
Kalian harus membersihkan **lantai**
dan **halaman kantor** tiap hari.

인간에게는 **불가능한 것은 없습니다.**
너희들은 **사무실 바닥과**
정원을 매일 청소해야 해.

Kamu harus menghindari **perbuatan tercela.**
Lakukan **sesuai dengan penjelasan monitor.**
Untuk mengecék jumlah saldo bagaimana?
Tekanlah **tombol saldo.**

너는 트집 잡힐 행동을 피해야 한다.
그리고 **모니터의 설명대로** 하세요.
잔고를 체크하려면 어떻게 합니까?
잔고 버튼을 누르세요.

Tolong minta **dia télépon saya kembali.**
Aku akan selalu ingat kamu.
Saya tertarik pada kamu.
Gunakan uang **sesuai kebutuhan!**

나에게 다시 전화해 달라고 해주세요.
나는 항상 너를 기억할 것이다.
나는 당신에게 반했어요.
필요에 맞게 돈을 써라!

 kado. hadiah 선물   **oleh oleh** 여행 선물

인도네시아는 수많은 종족으로 이루어졌기 때문에 사용하는 단어도 굉장히 많습니다. 교과서마다 가르치는 단어가 다르죠.
그래서 필자가 같은 단어를 계속 그리고 많이 보여주는 이유입니다. 최소한 하나의 뜻의 단어를 3~4개는 알아야 합니
다. 물론 다 그런 건 아니지만, 이것이 인도네시아어가 어려운 이유 중의 하나입니다. 특히 TV에서는 고급 단어를 쓰기
때문에 유사 단어를 많이 알아야 합니다.

|학교에 대한 단어 와 명절 단어|

sekolah	학교
universitas	대학교
kelas	교실
guru	선생
mahaguru, dosen, profésor	교수
asisten	부교수, 조교
laboratorium	실험실, 연구소
dekan	학장
rektor	대학 총장
kampus	캠퍼스
ujian	시험
perpustakaan	도서관
lapangan	운동장
kepala sekolah	교장선생
Ibu guru	여자선생
Bapak guru	남자선생
SD : Sekolah Dasar	초등학교
SMP : Sekolah Menengah Pertama	중학교
SMA : Sekolah Menengah Atas	고등학교
Tahun Baru	새해, 신정
Imlek	구정
Hari Raya Natal	성탄절

요일과 달 🔊

월과 달은 첫 글자를 대문자로 씁니다.

월요일 : hari **S**enin   화요일 : hari **S**elasa   수요일 : hari **R**abu   목요일 : hari **K**amis
금요일 : hari **J**umat   토요일 : hari **S**abtu   일요일 : hari **M**inggu

1월 : bulan **J**anuari   2월 : bulan **F**ébruari   3월 : bulan **M**aret
4월 : bulan **A**pril   5월 : bulan **M**ei   6월 : bulan **J**uni
7월 : bulan **J**uli   8월 : bulan **A**gustus   9월 : bulan **S**eptember
10월 : bulan **O**ktober   11월 : bulan **N**ovémber   12월 : bulan **D**ésémber

pada awal bulan : 월 초   pada tengah bulan : 월 중   pada akhir bulan : 월 말
pada awal tahun : 연초에   pada akhir tahun : 연말에

인도네시아어의 날짜 표기는 **요일 -일 -월 -년** 순으로 표기합니다.
2016년 5월 16일 화요일 — hari **S**elasa tanggal 16 bulan **M**ei tahun 2016.

A : Hari ini **hari apa?**   오늘은 무슨 요일입니까?
B : Hari ini **hari Minggu.**   오늘은 일요일입니다.
A : Hari ini **tanggal berapa?**   오늘은 몇 일입니까?
B : **Hari ini** tanggal 24 bulan Januari.   오늘은 1월 24일입니다.

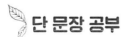 단 문장 공부

A : Aku mau **ke kantor polisi** di Dépok.   나는 데뽁에 있는 **경찰서로** 가려 한다.
Kamu siapkan saja **dokumén**   넌 **서류와 필요한 것들을** 챙겨라.
dan hal-hal yang diperlukan.
Lalu cék saja **kondisi lalu lintas**,   그리고 막히는지 아닌지,
macet, tidak ya.   **교통 상황을** 체크해 봐라.

B : Siap pak. **Ada yang lain lagi,** pak? 네 사장님. 또 다른 일이 더 있습니까?
A : **Hanya itu saja, cukup ya.** 오직 그것뿐이야, 충분하다.

 사장이 직원에게 지시할 때 많이 사용되겠죠?

Mau makan di sini atau **dibungkus ya?** 여기서 드실래요 아니면 **싸가실래요?**
Dibungkus saja. 싸 주세요.

Mari kita bayar masing masing(sendiri sendiri). 각자 지불합시다.

Jangan salah paham. 오해하지 마세요.
Jangan kecéwakan saya. 나를 실망시키지 마세요.

Banyak binatang **telah punah.** 많은 동물이 **이미 멸종했다.**
Makanan itu **sangat gurih.** 그 음식은 매우 고소하다.
Pramuka **sedang mendirikan kemah.(tenda)** 보이 스카우트는 천막을 치고 있습니다.
Saya akan beri tahu berita **tentang isu itu.** 제가 그 이슈에 대한 소식을 알려줄게요.

Kebijakan pemerintah akan kenaikan 교통 요금 인상에 대한 정부 정책이
tarif lalu lintas belum diketahui. 아직도 알려지지 않았다.
Pohon itu **sedang berbuah,** 그 나무는 지금 열매를 맺었고,
buahnya **lebat sekali.** 과일이 정말 **많이 열렸다.**

Mempertahankan kesuksesan **lebih berat** 성공을 지키는 것은 **성공을**
daripada mencapainya. 이루는 것보다 더 힘들다.
Terima kasih **sudah memperkenalkan** 좋은 사람을 소개해줘서 고맙습니다.
orang yang baik.
Apa lagi yang Anda perlukan? 당신이 필요로 하는 것은 **또** 무엇입니까?

Jelaskan **bentuk gedung itu.** 그 건물의 형태를 설명하라.
Biarkan saja dia pergi! 그가 가도록 놔둬라!
Ulangi lagi sampai kamu bisa. 네가 할 수 있을 때까지 **다시 반복해라.**
Kamu coba dulu hal ini. 너는 이 일을 먼저 **시도해 봐라.**
Dengarkan dan **tirukan** penjelasanku. 내 설명을 듣고 따라 해봐라.

menirukan, mencontoh, mencontokan 모방하다, 따라하다

Aku terbujuk (dirayu) temanku.　　　　　나는 친구에게 설득을 당했다.

|단어 공부|

membersihkan	청소하다
bersih	깨끗한
membawa, bawa	가져오다
akhir akhir ini	최근에, 마지막
susun	정리하다
kotor	더러운
sesama	동료, 같은 부류

단어 수식 🔊

인도네시아어는 **명사를 수식** 할 때는 **뒤에서 꾸며 줍니다.** 다만, **숫자**나 **수의 양** 또는 **여러 가지**라는 표현 등을 표현할 때는 **앞에서 꾸며 줍니다.** 문장을 많이 읽으면서 익히세요. **많은 양을 뜻하는 숫자가 앞에 와도 뒤에 오는 명사는 복수를 사용하지 않습니다.**

Bajuku aku pinjamkan kepada teman suami.　내 옷을 내가 남편 친구에게 빌려 주었다.

Aku menjual **5 buah buku**
dan **23 pénsil** di toko aku.

나는 내 가게에서 **5권의** 책과
23개의 연필을 팔았다.

Suami saya **membawa pulang**
berbagai buah-buahan.

내 남편은 여러 가지 과일을
가지고 돌아왔다.

 | **membawa pulang** 가지고 돌아오다

📝 단 문장 공부

Semuanya **tidak sia-sia.**
Saya keluar sebagai juara pertama.
Kepalaku **terasa berat** dan perutku **mual-mual.**
Rasa mualku **menjadi jadi.**

그 모든 게 쓸데없는 것이 아니다.
일등으로서 **나는 앞으로 나갔다.**
머리는 무거웠고 배가 **매우 매스꺼웠다.**
매스꺼운 기분은 **점점 심해졌다.**

Tubuh basah **oléh keringat dingin.**
Rumahku **berada jauh** dari Jakarta.
Mayat **tanpa idéntitas** dibawa ke rumah sakit.
Atasan mengizinkan aku berlibur.

몸은 **식은땀으로** 젖었다.
우리 집은 자카르타에서 **멀리 있다.**
신분 없는 시체가 병원으로 옮겨졌다.
상사는 내가 휴가 가는 것을 **허가했다.**

Enakan ke Bali.
발리 가는 게 재미있잖아요.

Hal demikian terjadi terus-menerus.
그와 같은 일은 계속 발생했다.

Langkah-langkahnya sebagai berikut.
그 조치들은 아래와 같다.

A : Sampai lari lari begitu?
그렇게 뛰기까지 하다니?

　　Kamu ada apa?
너 무슨 일 있어?

B : Sudah terlambat. Tolong lebih cepat.
이미 늦었어요. 서둘러 주세요.

　　Saya bisa terlambat pada rapat.
저는 회의에 늦을 수 있어요.

　　Rapat itu sangat penting.
그 회의 정말 중요해요.

　　Sampai kapan bisa tiba ke sana?
언제까지 거기 도착할 수 있어요?

 택시나 아시는 분의 차를 탔을 때 유용하게 사용하세요.

A :　Jangan marah-marah dulu!
먼저 화만 내지 마라!

B : Ya, aku kecéwa dengan Ayu.
그래, 나는 아유에게 실망했어.

　　Dia tak tahu malu.
그는 부끄러움을 몰라.

　　Walaupun ada kesalahan. .
잘못이 있는데도 말이야.

A : Memang Ayu yang salah?
정말 아유가 잘못한 거야?

Aduh, teman itu menjadi cacat.
아, 그 친구가 불구가 되다니

Ambilah buah-buahan itu semaumu.
이 과일을 네가 원하는 만큼 가져라.

A : Kamu tampak (kelihatan) sibuk hari ini.
너는 오늘 바빠 보여.

B : Ya, aku agak sibuk karena aku harus
그래, 나는 조금 바빠,

　　menyelesaikan tugas ini.
왜냐하면 이 임무를 끝내야 하니까.

A : Apakah nggak ada yang lain
너를 도울 수 있는

　　bisa bantu kamu?
다른 사람이 없어?

B : Ada, tetapi ini tugasku.
있어, 하지만 이건 내 임무야.

Itu pengalaman yang tidak mudah aku lupakan.
그것은 내가 쉽게 잊을 수 없는 경험이다.

Aku mau pergi diam-diam, tetapi ketahuan.
나는 조용히 가려 했지만, 들켜버렸다.

Ayu datang ke sini (ke mari) tadi.
조금 전 아유가 여기로 왔었다.

Setahu aku,
내가 알기로는.

Ayu tidak terlibat dalam hal itu.
아유는 그 일에 연루되지 않았다.

Koran Kompas **harian yang berwibawa**
di Indonésia.

Apakah saya harus membayar **uang muka?**

Saya suka makan **ikan mentah.**

Kalau kamu tidak ada, **aku nggak ada
harapan apa pun.**

꼼빠스 신문은 인도네시아에 있는
유력 **일간지이다.**

저는 **선불로** 지불해야 하나요?

저는 **생선회를** 먹기 좋아합니다.

만일 네가 없다면, **나는 아무런
희망이 없다.**

 sesal 후회하다   **kecewa** 실망하다   **kesal** 짜증나다, 열 받다
mendahulukan 우선시합니다, 추월하다

Anak itu **di antara** méja dan tempat tidur.

Ada apa **antara kamu dan Lina?**

Di sekitar sini ada fitness?

Menjelang Hari Natal, hampir semua mall
mengadakan **diskon besar.**

그 아이는 탁자와 침대 **사이에 있다.**

너와 **리나 사이에** 무슨 일이 있어?

이 **주변에** 체육관이 있어?

크리스마스쯤이면, 대부분의 백화점이
대대적인 할인행사를 연다.

**Saya akan kasih tahu lebih lanjut
petunjuk alat itu** léwat email.

Saya **kebanyakan minum jus jeruk** tadi malam.

Akibatnya, **sampai sampai diaré** hingga siang hari.

나는 이메일을 통하여 그 기구
사용 설명을 더 상세히 알려 줄 것이다.

나는 어젯밤 귤 주스를 너무 많이 마셨다.

그 결과, **심지어** 오늘 낮까지 **설사했다.**

A : **Dengan uang segitu,**
     kamu akan melakukan apa?

B : **Dengan uang segini besarnya,**
     saya akan membuat perusahaan kecil
     serta membeli mobil yang bagus.

그만큼의 돈으로,
너는 무엇을 하려고 하니?

이만한 큰돈으로,
나는 작은 회사를 만들고
좋은 자동차를 살 거야.

 segitu 그만큼, 저만큼   **segini** 이만큼   **sekian** 이 정도, 여기까지, 이만큼
setelah sekian lama, setelah sudah lama 오랜 시간 후
filsuf 철학자   **filsafat** 철학

Siapa lebih cantik
cewek Korea dengan cewek Indonesia?
Cantikan mana cewek Korea
dengan cewek Indonesia?

한국 여자와 인도네시아 여자 중
누가 더 에쁘니?

상기 문장 표현을 잘 외워 놓으세요. 간단하고 좋은 표현입니다.

|단어 공부|

membina	양성하다
bukti	증거
jenazah, **mayat**	시체
amplop	편지 봉투
tersebar	퍼지다
mempertemukan	만나게하다, 연결시키다
siasat, **taktik**, **stratégi**	책략, 전술

제대로 배우는 인도네시아어 회화 1

반복 단어, 명사의 복수 🔊

명사의 복수는 **두 단어를 반복** 사용하거나 명사 앞에 **수량사** 나 **다수의 의미를 가진 형용사를** 사용하여 **복수를 나타냅니다.** 허나, 단어를 반복 사용하여 **새로운 명사의** 뜻을 나타내는 것도 있고, 기타 다른 뜻을 나타내기도 합니다. 그때그때 암기하세요.

1, 복수의 단어가 되는 예 :

bunga-bunga 꽃들   teman-teman 친구들
orang-orang 사람들   barang-barang 물건들

2, 수량사나 다수의 의미를 가진 형용사를 사용한 복수형(명사는 단수형으로 표시함)

tiga ékor anjing 세 마리의 개   **beberapa** orang 몇몇 사람
banyak barang 많은 물건   **para** hadirin 참석자 여러분

3, 새로운 명사를 나타내는 예 :

kura-kura 거북이   kupu-kupu 나비
undang-undang 법   oléh-oléh 여행 선물
cumi-cumi 오징어

4, 기타의 예 :

kira-kira 대략   pura-pura ~인 척하다
sia-sia 쓸데없는   gara-gara ~때문에

🌱 단 문장 공부

Tolong sampaikan kepada Topan   오늘 오후 **또빤**이 저에게
agar ia menghubungi saya nanti soré.   전화하도록 **또빤**에게 전해 주세요.

Ketika saya menélépon Ali,
yang mengangkat télépon adalah ibunya.
Boléhkah saya memandu kamu?
Silakan duduk di sini **dengan santai.**

내가 알리에게 전화했을 때,
전화를 받은 사람은 그의 엄마였다.
제가 당신을 안내해도 될까요?
여기에 편안히 앉으세요.

 sejak, mulai, dari 단어는 뜻은 '~로 부터'이지만 용도가 조금 다릅니다.
sejak은 '전부터', mulai는 '지금으로부터', dari는 '(어떤 장소)로 부터'의 뜻으로 많이 쓰입니다.

Kalau kamu, apa yang harus kamu lakukan 만일 너라면, 교통사고가 일어났을 때
ketika terjadi kecelakaan lalu lintas?
네가 해야 할 일은 무엇이냐?

Mau berkeliling dengan saya?
나와 함께 돌아다닐래요?

 berkeliling, mengelilingi 돌아다니다   mengelilingi 둘러싸다 의 뜻도 있습니다

Saya tidak berencana melakukan itu.
Dia mengatakan seolah-olah
dia yang paling pintar sedunia.

나는 그것을 할 계획이 없습니다.
그는 자기가 세상에서
제일 똑똑한 것처럼 **얘기합니다.**

 seolah olah, seakan akan 마치~인 것처럼

Meskipun kemampuanku kurang,
aku berusaha untuk mencapai cita-citaku.

비록 내 능력이 부족하지만,
나는 꿈을 이루기 위하여 노력했다.

Begitu tiba di pantai,
ayahku membentangkan tikar.

해변에 도착하자마자,
아버지는 멍석을 펼쳤다.

 membentangkan, membentang, menggelarkan, menggelar 펼치다, 펴다

Mungkin akan ada peluang(kesempatan) yang lain. 아마도 다른 기회가 있을 것이다.

Semua akan ikut kecuali Réssi.
레시 빼고는 모두가 참석할 것입니다.
(따라갈 것이다)

Jika aku berhasil, aku mau menjadi
dermawan seperti kamu.
만일 내가 성공하면,
너처럼 자선가가 되려 합니다.

 **sukarélawan** 자원 봉사자　　　**sukaréla** 자발적인　　　**deremawan** 자선사업가

Kalau kamu tidak mau ikut, pergilah!　　　만일 네가 따라가기 싫으면, 가라!
Kalau ini mémang keinginanmu　　　　　　만일 이것이 정말로 너의 바람이라면
sertakan alasan!　　　　　　　　　　　　**이유를 제시해라!**

|음식용어, 맛에 대한 용어|

manis 단　　　　　　　　　　　**asin** 짠
asam 신　　　　　　　　　　　　**énak** 맛잇는
menikmati, mencicipi 맛보다　　**pedas** 매운
kurang asin, tawar 싱거운　　　**wangi** 향기 있는
pahit 쓴　　　　　　　　　　　　**makanan pedas** 매운 음식
makanan manis 단 음식　　　　**makanan asin** 짠 음식

20

ada와 adalah에 대하여

인도네시아어는 영어의 be 동사나 the 같은 관사가 없습니다. 다만 있다고 한다면, ada : ~이 있다 가 있고, adalah : ~이다가 있습니다. adalah는 **문장이 길 경우나 주어절이 길 경우에** 자주 쓰입니다. **평소에 써주면 더 좋습니다.**

(ex) Orang itu orang Jepang.   저 사람은 일본 사람이다.
　　 Orang itu **adalah** orang Jepang.

　　 Ini sayur-sayuran.   이것은 야채이다.
　　 Ini **adalah** sayur-sayuran.

위의 예처럼 동사 없이 바로 **명사, 형용사가** 바로 옵니다. 간단하게 생각합시다.
위 문장에서 adalah를 사용해도 사용 안 해도 아무 상관 없고, 사용하면 **더 분명한 뜻이 된다는** 것을 알 수 있습니다.

Pemenang acara ini adalah Pak Min Ho.   **오늘 행사의 우승자**는 박민호입니다.

가끔 방송에서 우승자 발표 시 거의 이렇게 호명합니다. adalah를 생략해도 좋겠죠? 그러나 방송에서는 adalah를 길게 빼면서 호칭하는 걸 알 수 있습니다.

ada는 전치사 di 앞에서 생략될 수 있습니다.

　　 Anak itu **ada** di depan rumahku.   그 아이는 내 집 앞에 있습니다.
　　 Anak itu **di** depan rumahku.   그 아이는 내 집 앞에 있습니다.

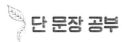

단 문장 공부

A : Siapa dia?   그는 누구니?
B : Dia aktor dan dia laki-laki.   그는 배우고 남자다.
A : Seperti apa dia?   그는 어떻게 생겼어?

B : Dia kurus dan péndék. 그는 마르고 작다.

Rambutnya hitam dan panjang. 머리카락은 검고 길다.

Lalu hidungnya **mancung dan ganteng**. 그리고 코가 **뾰족하고 잘생겼지**.

 사람의 생김새를 물어보는 표현입니다. 참고하세요.

A : Aku mau ke Kota Tua. 나는 Kota Tua에 가고 싶어(가려고 합니다).

Di mana letaknya? 그 위치가 어디니?

B : kalau kamu mau ke sana, **naik saja** 만일 네가 거기로 가려면,

bus kota atau **taksi** di Blok. M Blok M에서 **시내버스나 택시를 타라**.

Lalu **turunlah** di stasiun Jakarta Kota. 그리고 Jakarta Kota 역에서 **내려라**.

A : Kota Tua itu **di sebelah mana jalan?** Kota Tua 는 길 어느 편에 있니?

B : Kota Tua itu **ada di depan stasiun**. Kota Tua 는 역 앞에 있어.

Tanya saja **kepada siapa pun**. **아무에게나** 물어봐라.

Hampir semua orang **pasti tahu**. 거의 대부분의 사람이 **확실히 알 것이다**.

 위치를 물어보는 표현을 잘 익히세요.

A : Siapa itu? 그 사람 누구니?

B : Yang mana? 누구 말하니?

A : Céwék yang tinggi, gemuk dan berjilbab. 크고 뚱뚱하고, 질밥 쓴 여자.

B : Dia Lilih, pacar anak saya . 그는 리리이고, 내 아들 애인이야.

A : **Bagaimana dia?** 그는 **어떤 사람이니?**

B : Dia baik dan ramah. Juga cantik. 그는 착하고 부드럽다. 또한 예쁘다.

 다른 사람의 성격과 생김새를 물어볼 때 유용한 표현입니다.

Indonésia kaya akan sumber daya alam. 인도네시아는 천연자원이 풍부하다.

Kalau bukan kamu, 네가 아니면,

siapa yang membantu temanmu? 누가 네 친구를 돕니?

Aku kan sudah bicara tadi. 아까 내가 말했잖아.

Siapa sih yang mengambil uang aku? 누가 내 돈을 갖고 간 거야?

A : Siapa aktor Koréa **favoritmu?** 네가 좋아하는 한국 배우는 누구니?

B : Lee Min Ho. 이민호지.
　　Aku sering lihat dari drama TV. 나는 가끔 TV 드라마로 봐.
A : Aku juga suka dia. 나 또한 그를 좋아해.
　　Aku punya fotonya. 나는 그의 사진을 갖고 있습니다.

 인도네시아에서는 이민호 인기가 최고입니다.
모르는 사람이 거의 없어요. 한류 열풍이 대단하죠.

Sekarang jam berapa? 지금 몇 시니?
Kamu pergi ke kantor **jam berapa?** 너 사무실에 **몇 시에** 가니?
(Jam berapa kamu pergi ke kantor?)

A : Anda lahir tahun berapa? 당신은 몇 년도에 태어났나요?
B : Aku lahir tahun 1975. 저는 1975년에 태어났어요.
A : Kapan kamu datang ke Indonésia? 언제 넌 인도네시아에 왔니?
B : Satu tahun dua bulan yang lalu. 1년 2개월 전에 왔어요.

A : **Ada apa saja** di taman hiburan itu? 그 놀이 동산에는 **무엇무엇이 있니?**
B : Di taman hiburan **ada banyak alat wahana.** 놀이동산에는 **많은 놀이기구가** 있지.

A : **Bagaimana suasana** kantormu? 너의 사무실 **분위기는 어때?**
B : **Suasana kantorku** amat baik. **사무실 분위기는** 정말 좋아.
　　Segala karyawan baik hati dan ramah. **모든 직원들이** 착하고 친절해.
　　Atasan dan diréktur juga baik **seperti keluarga.** 상사와 사장님 또한 **가족처럼** 좋아.

A : Kemarin ada apa? 어제 무슨 일 있었어?
　　Sampai tidak kelihatan. 보이지 않기까지 하다니.
B : Kemarin saya **tertabrak mobil** 어제 나는 **자동차에 치었어**
　　sehingga saya dibawa ke rumah sakit. 그래서 나는 병원으로 실려갔어.

접미사 nya 🔊

1. nya는 3인칭 dia의 소유격으로, 목적격으로는 영어의 정관사 역할도 합니다.
   소유 대명사로 보시면 됩니다.

teman — teman**nya** 그의 친구   topi — topi**nya** 그의 모자

Dia pergi ke rumah atasan**nya** untuk bertemu dengan**nya.**
그는 **상사를** 만나러 **그의 상사의** 집으로 갔습니다.

여기서 atasan**nya** 에서의 nya 는 **주어 dia** 를 의미하고 dengan**nya** 의 nya는 **상사를** 의미
합니다. 아시겠죠?

Perusahaan itu dibangun **dengan hasil keringatnya sendiri.**
그 회사는 **그 자신의 노력의 결과로** 지어졌다.

Présiden diréktur **mengangkatnya**   사장님은 그를
sebagai manajer personalia baru.   새 인사 과장으로 임명했다.

 nya 는 목적격으로 사용됩니다.

Dia pergi tamasya ke Jogja membawa   그는 **그의** 필요 물건을 갖고
kebutuhan**nya**.   족자로 여행을 갔다.

 kebutuhannya에서는 **dia**를 의미하고 소유격 의미도 갖고 있습니다.

Perusahaan**nya** menciptakan mobil terbaru. 그 회사는 최신의 차를 만들었습니다.
여기서 nya 는 itu 와 같이 **정관사** 혹은 **그의** 라는 소유격도 될 수 있죠.

2. nya 접미사는 여러 가지 단어와 결합하여 새로운 뜻을 만듭니다.
   그리고, se-nya 등과도 결합하여 새로운 부사의 뜻을 만듭니다.

se**benar**nya, se**betul**nya 사실   se**baik**nya ~하는 게 좋다

sesampainya 도착하자마자   sebaliknya 반면에

selanjutnya 계속해서, 앞으로, 다음은   sesungguhnya 진실로, 사실로

sepertinya(kayaknya) ~처럼, ~ 인 것 같다   sepenuhnya 전적으로, 완전히

sebisanya 할 수 있는 만큼   selamanya 영원히, 오래도록

secepatnya(secepat mungkin, paling cepat, secepat-cepatnya) 가능한 빨리

이 외에도 제법 많으니 본문 문장에서 유심히 보세요.

Selanjutnya Bapak diréktur utama   이어서 사장님께서
akan mengatakan agénda baru.   새 안건을 말씀하시겠습니다.

Sepertinya kamu tambah gemuk, ya.   너 아마도 더 살찐 것 같아.

3. nya는 동사, 형용사, 명사에 접미되어 부사를 만듭니다.

biasanya, pada umumnya 보통   kelihatannya ~처럼 보이다

singkatnya, ringkasnya, péndéknya 간단히 말하면

makanya 그래서   soalnya 문제는 말이야, 아무튼

intinya 핵심은   berikutnya 다음에

akhirnya 결국   kayaknya ~인 것 같다

pokoknya 중요한 것은

rupanya, kiranya, agaknya, rasanya 아마도, ~인 것 같다

상기 단어들 잘 기억하세요. 정말 유용하고 많이 사용합니다.

Rupanya hujan akan turun, cepat pulang ya. 비가 올 것 같으니 빨리 돌아가자.

Intinya, kita harus berpikir positif,   핵심은, 우리는 긍정적으로 생각해야 해,
tidak boléh **négatif**.   부정적이어서는 안돼.

Soalnya sedang **masa pergantian musim** sekarang. 아무튼 지금은 환절기야.

pergantian musim, masa perubahan musim, musim peralihan 환절기
alih 이전하다, 교체, 교환, 변화 **pindah** 이전하다 **ganti, tukar** 교체, 교환 **ubah** 변화

Keliatannya begitu?   그래 보이니?

Rasanya makanan ini **sangat lezat dan énak**. 이 음식은 매우 맛있을 것 같아.

Agaknya hari ini lebih panas dari kemarin. 오늘은 어제보다 더 더운 것 같다.

Katanya, kamu ke Koréa ya?   너 한국 간다며?

Tahun berikutnya saya akan berwisata ke Koréa.   내년에 나는 한국으로 여행갈 거야.

4. 형용사, 동사와 접목하여 명사를 만들기도 합니다.

tidur**nya** 잠, 자는것   terjadi**nya** 발생   tinggi**nya** 높이

Gedung itu **tingginya** luar biasa.   그 건물은 **높이**가 대단하다.
     (형용사와 접목)

Temukan **sebab terjadinya kecelakaan itu.**   사고 발생 원인을 찾아라.

Semalam, **tidurnya** tidak nyaman karena nyamuk.   어젯밤, 모기 때문에 **잠**이 편치 않았다.
     (동사와 결합)

5. ~nya는 영어의 정관사처럼 어떠한 것을 가르키기도 합니다.

barang**nya** 그 물건   baju**nya** 그 옷   TV**nya** 그 TV

Matikanlah TV**nya**.   그 TV를 꺼라.

6. Ke-an+nya과 결합하여 수동의 뜻을 가집니다.

Suara itu **kedengarannya** dari jauh.   그 소리는 멀리서 **들린다.**

Dia **kelihatannya** amat lapar.   그는 매우 배고파 **보인다.**

7. se+형용사 반복+nya 최상급의 뜻을 갖고 있습니다.

seénak énaknya 아무리 맛이 있어도   **sepandai pandainya** 아무리 능숙해도

secantik-cantiknya 아무리 예뻐도

secepat-cepatnya (secepatnya, secepat mungkin) 가능한 빨리

selambat lambatnya (paling lambat, selambatnya) 아무리 늦어도

setidak-tidaknya (setidaknya, paling tidak) 아무리 적어도, 최소한

Kamu harus tiba **selambat-lambatnya** samapi jam tujuh pagi karena ada rapat yang penting.

너는 **아무리 늦어도** 아침 7시까지 와야 해 왜냐하면 중요한 회의가 있기 때문이야.

 상기 단어들은 무조건 외우세요, 많이 사용되고 대화 시에 윤활유 역할을 합니다.

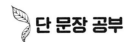 **단 문장 공부**

Mari kita coba sekali lagi.	한 번 더 시도해 봅시다.
Ibu, **sepertinya saya kecapaian.**	엄마, 제가 너무 피곤했나 봐요.
Kepalaku **pusing** dan badanku **lemas.**	머리가 어지럽고 몸에 힘이 없어요.

 lemas 무기력한, 몸이 노근노근한, 부드러운 **lembék, empuk** (죽, 베개) 부드러운, 푹신한
lemah, lembut, lemah lembut 마음이 부드러운 **kecapaian** 너무 피곤한, 너무 과로한

Tolong kasih tahu aku apa pun itu.	그것이 무엇이든 제게 알려 주세요.
Penghargaan ini **sepenuhnya** berkat Anda sekalian.	이 상은 **전적으로** 여러분 덕분입니다.
Nggak ada **perubahan yang besar.**	큰 변화는 없어요.

Karena mutunya baik. (kualitasnya baik)	품질이 좋기 때문이다.
Saya akan mencintaimu selamanya	나는 당신을 영원히 사랑할 것이고
dan tidak akan melupakanmu.	당신을 잊지 않을 것입니다.

Saya hidup sendiri tanpa keluaraga	나는 가족 없이 혼자 살고
dan juga belum ada pacar.	또한 아직 애인도 없습니다.
Kalau bisa, **perkenalkan saja**	만일 할 수 있다면,
céwék yang cantik. hahaha.	예쁜 여자를 소개해 주세요. 하하하.

A : Jangan lembur terus.	잔업을 계속하지 마라.
Sebisanya saja dahulu.	할 수 있는 만큼만 먼저 하자.
Sisanya dilakukan bésok saja.	나머지는 내일 하도록 하자.
Kamu kan terlalu capai.	네가 너무 피곤하잖아.
B : Sebetulnya, aku juga tak ingin lembur,	사실, 나도 야근하기 싫지만,
tapi mau bagaimana lagi.	다른 방법이 없잖아.
A : **Kerjakan sebaik mungkin.**	최선을 다하세요.
Bagiku **ini kesempatan yang baik.**	나에게 이것은 좋은 기회야.

Bagaimana kalau kita ketemu bésok?	우리 내일 만나는 게 어때요?

Teman-teman, hari ini	친구들, 오늘 나는
aku enggak bisa ikut **acara makan.**	회식에 참가할 수가 없어.

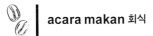 **acara makan** 회식

Bercandanya berlebihan.
(Candaanmu berlebihan)

농담이 너무 심하다.

Jangan bocorkan rahasia ini.

이 비밀을 누설하지 마라. (이 비밀을 지켜라.)

Aku **enggak pengin ngobrol** dengannya.

나는 그와 **얘기하기** 싫다.

Karena dia selalu membuat saya strés.

왜냐하면 그는 항상 나를 피곤하게 만든다.

Kita berdamai lagi saja.
Kita berbaikan kembali saja.

우리 다시 화해하자.

Kalau ini **bagaimana?**

만일 이것이라면 **어떠니?**

|단어 공부|

kontraktor, pemborong	건축시공자, 청부 업자
konstruksi, pembangunan	건축, 건설
konferénsi, rapat	회의, 협의
hartawan	재력가
alat pemadam kebakaran	소화기

비교급, 최상급, 동급 🔊

1. 최상급의 표현은 paling+형용사와 결합하거나 ter+형용사를 결합하여 사용합니다.

Di antara buah-buahan, saya **paling suka** mangga.
나는 과일 중에서 망고를 제일 좋아한다.
Aku ingin membuat **mobil terbaik sedunia. (di dunia)**
나는 전 세계에서 가장 좋은 차를 만들고 싶다.

> **tertinggi** 가장 큰   **termahal** 가장 비싼   **terbesar** 가장 큰   **terdekat** 가장 가까운

2. 비교급은 lebih+형용사+daripada(dari)+형용사 : 더 ~한, 조금 과한

kurang +형용사+ dibandingkan / daripada : 덜한, 부족함으로 표현함

lebih memilih + 명사 + daripada + 명사 : ~을 더 선호한다

> 비교급에서 **jauh lebih, jauh kurang** 를 붙여 쓰면 훨씬 더한, 훨씬 부족한이란 뜻을
> 가집니다.

Kamu **lebih cantik daripada** pacarku.   넌 내 애인 보다 더 예쁘다.
Kamu **kurang kaya dibandingkan** orang itu.   넌 그 사람 보다 덜 부자다.

3. 동급은 se+형용사를 사용하거나 sama+형용사-nya+dengan, A dan B
    sama-nya, A(명사) sama dengan B(명사)를 사용하여 동급을 나타냅니다.

Kamu **sepintar adikku** di bidang matematika.   너는 수학 부분에서 내 동생만큼 똑똑하다.
Anak saya dan anakmu **sama cantiknya.**   내 아이와 네 아이는 똑같이 예쁘다.
Gedung itu **sama besarnya dengan** géreja ini.   그 건물은 이 교회와 크기가 같다.
Harga kacamata ini **sama dengan** harga itu.   이 안경 가격은 그 안경 가격과 같다.

❖ Ter+동사 단어에 대해서 잠깐 알고 갑시다.

tertidur 잠들은   terkenal 알려진, 유명한   termuat ~에 게재되다

terbakar 태워진   terletak 놓여 있는, 위치한   tersentuh 접촉되다, 부딪히다

tertulis 쓰여진   terbuka 열린   terdengar 들리는

terurus 관리되는   terbangun 잠이 깬   terlarang 금지된

terjatuh 넘어진, 떨어진   terlihat 보이다   tercantum ~에 게재되다

terinjak 밟히다   terjual 팔리다

 상기 단어처럼 **ter** 접두어는 수동형의 뜻으로도 사용됩니다.
그 외에도 많으니 그때그때 외우세요.

🍃 단 문장 공부

Pagi-pagi aku bangun
saat jam berdering.
Mia sangat senang **melihat cahaya bulan**
dan **bintang malam itu.**

이른 아침 나는 **시계가 울릴 때**
일어났다. (깼다)
미아는 그 날 밤 달빛과
별빛을 보면서 매우 즐거워했다.

Aku tiba di tempat tujuan,
tapi hari sudah malam.
Jumlah orang yang hadir (ikut)
antara 3 hingga 5.

나는 목적지에 도착했지만,
날은 이미 밤이었다.
참석한 사람의 수는
3명에서 5명 사이이다.

Aku bingung tidak tahu
apa yang akan aku lakukan selanjutnya.
Aku membawanya jauh-jauh
lalu memakannya.

나는 다음에 내가 할 일이
무엇인지 알지 못해 혼란스러웠다.
나는 그것을 아주 멀리 가지고 가서
그런 후 그것을 먹었다.

Aku menoléh (menengok)
ke arah datangnya suara.
Satu hal yang aku tidak sadari,
dia diam-diam mengikuti aku.
Aku menunjuk pondok yang indah
sambil saling berpégangan tangan.

나는 소리가 난 방향으로
고개를 돌렸다.
내가 깨닫지 못한 하나의 상황은:
그가 비밀리에 나를 따라왔다는 것이다.
나는 서로 손을 마주 잡고서
아름다운 오두막을 가리켰다.

Itulah perbédaan(bédanya) nasib orang **yang berpikir dan tidak berpikir.**

그것이 **생각하는 사람과 생각하지 않는** 사람의 운명의 차이이다.

Saya melamar di kantor ini, karena perusahaan ini membutuhkan **penerjemah.**

저는 이 사무실에 지원했습니다, 왜냐하면 이 회사가 **번역가를** 필요로 했기 때문입니다.

Langkah yang perlu kamu lakukan adalah sebagai berikut.

네가 해야 할 필요가 있는 조치는 아래와 같다.

Jalan menuju ke sekolahmu **belum diaspal.**

너의 학교로 가는 길은 **아직도 아스팔트가 되어 있지 않았다.**

Kelima anak itu telah ketahuan **sebagai pecandu narkoba.**

다섯 아이가 이미 **마약범으로 발각됐다.**

Keluarga saya **berbelanja kebutuhan sehari-hari** di pasar **setiap awal bulan.**

내 가족은 **매 월초** 시장에서 **생필품을 쇼핑한다.**

Semalam ibu tidak dapat tidur **karena mengomprés dahi adik.**

어젯밤 엄마는 잠을 잘 수 없었다 **왜냐하면 동생의 이마를 찜질했기 때문이다.**

Jika berlibur ke pantai, kita dapat memungut kerang **dan melupakan sejenak kesibukan sehari-hari.**

만일 해안으로 휴가를 간다면, 우리는 조개를 주우며 일상의 바쁨을 잠시 잊을 수 있습니다.

Tiga puluh dua persén penduduk di désa itu **rawan pangan.**

그 마을에 있는 주민 32퍼센트가 **음식 걱정을 합니다.**

Telah sekian lama **suaminya merantau,** ia tetap setia menunggu.

이미 오랫동안 **그의 남편이 객지로 떠났지만,** 그는 여전히 **성실한 마음으로 기다린다.**

Gambar di bawah ini **menjelaskan urutan membuat parasut mainan.**

이 아래에 있는 그림은 **장난감 낙하산을** 만드는 순서를 설명하고 있습니다.

Presidén Jokowi **duduk dikelilingi** pendukungnya.

조코위 대통령은 그의 후원자에 둘러싸여 앉았다.

Rambu-rambu dibuat **untuk keselamatan dan ketertiban.**

교통 표지는 **안전과** 질서를 위하여 만들어졌다.

Lakukanlah kegiatan itu
secara bergantian dengan temanmu!

친구와 함께 **교대로**
그 활동을 해 보아라.

Mintalah bantuan temanmu
jika mengalami kesulitan.
Itu sama seperti yang aku inginkan.

만일 어려움을 당하면
네 친구의 도움을 청해라.
그것은 내가 원하는 것과 **같다.**

Sebutkan nama nama barang itu.
Lakukan sesuai petunjuk yang didengar.
Dengarkan baik baik perintah atasan.

그 물건들 이름을 얘기해봐라.
들은 지시대로 해봐.
상사의 지시를 **잘 들어라.**

 petunjuk, perintah 지시, 명령　　　　**petunjuk** 안내, 지시, 지침서

|단어 공부|

salam pembuka	서두 인사
salam penutup	마감 인사
pakaian bawah	하의
pakaian dalam	내의
rapat umum	총회
huruf braille	점자
objék wisata	여행지
ada baiknya, lebih baik, sebaiknya	~하는 것이 좋다
lamaran pekerjaan	구직

23

se 접두사 🔊

1. 하나라는 뜻을 가집니다.　　　　　　　　segelas air 한 잔의 물

Aku minum **segelas** susu. 나는 한 잔의 우유를 마셨다.

2. 전체라는 뜻을 가집니다.　　　　　　　　sedunia 전세계

Ayu paling cantik **sedunia**　　　　　아유는 조금 키가 작지만
walaupun sedikit pendek.　　　　　　**세상에서** 제일 예쁘다.

3. 비교급의 의미(~만큼 ~한, 만큼, ~한)

secantik ~ 만큼 이쁜　　　　　　　　sebanyak ~ 만큼 많은
semau 원하는 만큼　　　　　　　　　setahu 아는 한

Ayu **secantik** aktris Korea.　　　　아유는 한국 배우**만큼 예쁘다.**
Ambil saja **semau kamu.**　　　　　네가 원하는 만큼 가져라.
Setahu aku, Ayu orang yang kaya raya.　내가 알기로, 아유는 큰 부자다.

4. ~하자마자의 의미　　sepulang 돌아오자마자　　setiba 도착하자마자

Sepulang dinas,　　　　　　　　　출장에서 돌아오자 마자,
teman Ayu **jatuh sakit.**　　　　　　아유의 친구는 몸져 누웠다.

5. ~와 같은 의미를 갖고 있습니다.　　sekantor 같은 회사　　sekamar 같은 방

Aku dan Ayu **teman sekantor.**　　　나와 아유는 같은 회사 친구이다.

6. 지난의 의미를 갖고 있습니다.　　　　semalam 지난 밤

Aku tak bisa tidur **semalam** karena sakit.　나는 **어젯밤** 아파서 잠을 잘 수 없었다.

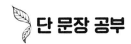
Berdasarkan hasil analisis data tersebut, manusia mempunyai **karakter yang berbeda beda**.

그 자료 분석 결과에 따르면, 인간은 서로 다른 성격을 갖고 있습니다.

Beliau **meminjamkan** uang **tanpa syarat**. **Apa pun itu** bilang saja.

그분은 조건 없이 돈을 빌려 주셨다. 그것이 무엇이든 얘기해 봐라.

Apakah bisa kasih tahu saya **secepat mungkin**? **Sehubungan dengan hal itu,** pengacara itu sudah melakukan **tindak lanjut**.

저에게 **최대한 빨리** 알려 줄 수 있습니까? 그 일과 관련하여, 그 변호사는 이미 후속 조치를 취했다.

 langkah, tindak 조치
dengan kata lain 바꾸어 말하면, 다른 말로

garansi 품질 보증서, A/S

Akibat urbanisasi penduduk, kejahatan di kota semakin meningkat. **Masa garansi** adalah satu tahun.

인구 집중의 결과, 도시에서의 범죄는 점점 늘어났다. 무상 A/S 기간은 일 년입니다.

Biarkan aku sendiri. Tinggalkan aku sendiri. Untuk menunda prosés penuaan ada banyak hal yang bisa dilakukan. Salah satunya **antara lain** berolahraga secara teratur.

나 혼자 두세요. 노화 과정을 늦추기 위하여 할 수 있는 일은 많다. 그중에 하나 **예를 들면** 규칙적으로 운동하는 것이다.

Réssi sangat populér di mana mana karena cantik dan baik hati.

레시는 예쁘고 착하기 때문에 어디서나 매우 인기가 있습니다.

A : Di sana, pasti banyak orang hari ini.
Jadi, sebaiknya kita enggak pergi ke sana.
Lebih baik di sini saja. Bagaimana?
B : Justru kita harus ke sana
karena jika banyak orang lebih seru.

거기에는, 오늘 분명히 사람이 많을 거야.
그래서 우리는 거기 안 가는 게 좋을 거야.
여기 있는 게 더 좋아. 이때?
오히려 우리는 거기 가야 해.
사람이 많으면 더 재미있기 **때문이야**.

Menurut hasil penelitian, orang yang séhat
makan makanan secara teratur.

연구 결과에 의하면, 건강한 사람은
음식을 규칙적으로 먹는다.

 강조 표시를 한 이유는 문장의 이해를 돕고 말할 때 쉬는 부분도 알려드리기 위함입니다.

Mulailah segalanya(seluruhnya) dari diri sendiri.   자기 자신부터 모든 것을 시작해라.

 semestinya, seharusnya 있는 그대로, 올바른, 당연히 해야 하는

Tolong, jangan tinggalkan aku sendirian.
Jangan terlalu ke pinggir!

제발, 나를 혼자 두고 가지 마세요.
너무 갓길로 가지 마라!

Jangan abaikan nasihat orang tua!
Jangan **sekali kali** sentuh benda itu.

부모님의 충고를 무시하지 마라!
조금이라도 그 물건을 손대지 마라.

 sedikitpun, sama sekali, sekali kali 일체, 전혀   **sekali kali** 때때로, 가끔

Jangan sembarang percaya orang.
Makanan yang sudah basi tidak boléh dimakan.
Jangan jadi **orang yang seperti itu!**
Semua kendaraan **dilarang ngebut.**

함부로 사람을 믿지 마라.
가능한 상한 음식을 먹어선 안 된다.
그런 사람이 되지 마라!
모든 차량은 과속이 금지된다.

Walaupun begitu, tidak boléh membencinya.
Belum selesai saya bicara, **jangan menyela**
pembicaraan saya.
Kita tak boléh **terlalu berfoya-foya.**

비록 그러하지만, 그를 미워해서는 안 된다.
내가 말하는 것이 끝나기 전에,
내 말을 막지 마라(끼어 듣지 마라).
우리는 너무 향락으로 낭비해서는 안 된다.

|단어 공부|

perkiraan	예측, 추정
berkala	주기적인
editor	편집자
sutradara	연출가
bugil	나체
lawakan	농담, 익살
gerah	후덥지근한, 더운
trén	유행하는
selai	잼

수동태 🔊))

kalimat aktif 능동태 문장, kalimat pasif 수동태 문장

Narator, pembaca : Anis dari UI jurusannya sastra Belanda

인도네시아어는 능동태 문장보다 수동태 문장을 훨씬 많이 사용합니다. 우리 한글과는 거의 반대 현상이라고 볼 수 있습니다.

일반적으로 문장은 Subjek(주어) + predikat(술어) + objek(목적어) + keterangan(보어)로 구성됩니다. 이것이 능동태 문장입니다. (S+P+O+K)

수동태 문장은 주어가 **1인칭, 2인칭**인 경우의 수동태와 **3인칭의** 경우의 수동태 두 가지가 있으니 잘 구분하여 충실히 공부하세요. 인도네시아어 문법 중에서는 제일 어렵고 중요한 것 같습니다.

1. 1인칭, 2인칭 수동태 문장

주어 + 동사 + 목적어 능동 문장에서, **목적어 + 주어 + 동사원형**처럼 **목적어가 주어** 앞에 오고 **동사원형이 주어** 뒤에 옵니다. 즉, 목적어를 맨 앞에 두고 다음에 주어가 다음에 동사원형이 온다는 것입니다.

주어 + 동사 + 목적어 + 부사   목적어 + 주어 + 동사 원형 + 부사
Kamu **membelikan** bonéka untukku. — Bonéka kamu **belikan** untukku.
너는 나를 위해 인형을 **사 주었다.**   인형을 네가 나를 위해 **사 주었다.**

 belikan에서 **mem**이 생략. 결과적으로 동사 원형이라는 것이 **me** 접두어가 생략된다고 생각하세요.

주어 + 동사 + 목적어 + 부사   목적어 + 주어 + 동사 원형 + 부사
Aku **mengajak** adik ke pasar. — Adik **kuajak** ke pasar.
나는 동생에게 시장으로 **가자고 했다.**   동생을 내가 시장으로 **가자고 했다.**

수동태가 되면서 **aku mengajak**이 **kuajak**으로 바뀐걸 알 수 있죠? 수동태에서 enkau와 aku는 **kau**와 **ku**로 바뀌어서 동사 원형과 결합됩니다.

주어 + 동사 + 목적어 + 부사

Anda **minum** obat karena sakit. —

당신은 아파서 약을 **마십니다.**

목적어 + 주어 + 동사 원형 + 부사

Obat Anda **minum** karena sakit.

약을 당신은 아파서 **마십니다.**

 능동태 문장에서도 **me** 접두사가 생략될 수도 있습니다.

주어 + 동사 + 목적어

Engkau **membaca** surat kabar. —

너는 신문을 **읽었다.**

목적어 + 주어 + 동사 원형

Surat kabar kau **baca.**

신문을 네가 **읽었다.**

\# 상기 예문을 잘 보시면서 문장이 어떻게 변했는지 잘 살펴보세요. 위에 공식대로 제대로 된 것인지. 어떠하든 계속 되는 문장 속에서 유심히 살피면서 공부하세요. 어려우면 넘어가세요. 문장을 많이 보다 보면 자동으로 알게 됩니다.

2. 주어가 3인칭일 경우 수동태

주어 + 동사 + 목적어 능동 문장 에서 **목적어 + di 동사 + (oléh) 주어**로 바뀝니다. 즉, **목적어와 주어의 위치가 바뀌고 동사는 di + 동사로 바뀝니다.** oléh는 생략도 가능합니다.

주어 + 동사 + 목적어   목적어 + di 동사 + 주어

Dia menjual ikan. — Ikan dijual dia. (Ikan dijualnya.)

그는 생선을 판다.   생선을 그가 판다.

 oléhnya는 **oléh dia**의 축약입니다.

주어 + 동사 + 목적어   목적어 + di 동사 + (oléh) 주어

Temanku memesan buku. — Buku dipesan **(oléh)** temanku.

내 친구는 책을 주문했다.   책을 내 친구가 주문했다.

3인칭 복수 Meréka를 사용시 수동태에서는

Meréka menjual ikan ini. (능동태)

Ikan ini dijual meréka. (수동태)

Ikan ini meréka **(yang)** jual. (수동태) 이렇게도 가능하니 참고하세요. yang을 넣어서 강조를 한 것입니다. yang은 생략이 가능합니다.

3. 수동태 문장에서 부정사와 조동사의 어순은

① 주어가 1인칭과 2인칭인 경우의 수동태

주어 + **부정사, 조동사** +동사 +**목적어** 순서의 능동 문장은
목적어 + 부정사, 조동사 + **주어** + 동사원형의 수동 문장으로 바뀝니다.

목적어, 부정사, 조동사 가 주어 앞에 오는 것을 주의 합시다. **일부의 부사** 도 주어 앞에 옵니다.

Saya **akan meminjam** buku dari teman.   나는 친구로부터 책을 **빌릴 것이다.**
Buku **akan** saya **pinjam** dari teman.   책을 내가 친구에게서 **빌릴 것이다.**

Kamu tidak boléh **melanggar** nasihat guru. 넌 선생님의 충고를 **어겨선** 안 된다.
Nasihat guru **tidak boléh** kamu **langgar.**   선생님의 충고를 넌 **어겨선** 안 된다.

상기 문장에서 동사 원형이 오고, **부정사, 조동사가** 주어 앞에 위치한 것을 알 수 있죠?

② 주어가 3인칭의 경우의 수동태

주어 + **부정어, 조동사** + 동사 + **목적어** 순서의 능동 문장은
목적어 + 부정어, 조동사 + **di** 동사 + **(oléh)** 주어의 수동 문장으로 바뀝니다.

즉, **주어와 목적어의** 위치가 바뀌고 **조동사, 부정사는** di 동사 앞에 옵니다.

Dia **tidak mau** menjual buku itu.   그는 그 책을 팔려고 **하지 않았다.**
Buku itu **tidak mau** dijual (oléh) dia.   그 책을 그가 팔려고 **하지 않았다.**

Ibu **tidak** membelikan saya topi.   엄마는 나에게 모자를 사주지 않았다.
Topi **tidak** dibelikan **(oléh) ibu** untuk saya. 그 모자를 엄마가 나에게 사 주지 않았다.

 상기 문장에서 순서 변화를 잘 보세요.

 ter+동사, **kehilangan, kehujanan** 단어처럼 수동의 뜻을 내포한 단어들은 그 단어 자체 사용으로 수동태 문장이 됩니다.

tertulis 쓰인   tertutup 닫힌   kecurian 절도 당한, 도둑맞다
kehujanan 비를 맞은   kedengaran 들리는   kemasukan 넣어졌다
kelihatan 보이다   kehilangan 없어진   kena denda 벌금 물다
kena paku 못에 찔리다   kena bom 폭탄 맞다   terbawa 옮겨진

위 단어들이 보통 수동형 단어들이니 외워 놓으세요.

③ Yang 뒤에 오는 수동태 형태의 문장도 잘 살펴보세요.

Apa yang akan kamu lakukan pada minggu ini?　이번 주 너는 뭐 할 거니?
Yang saya belikan untuk anakku adalah bonéka.　내가 아이에게 사준 것은 인형이다.

수동태 문장은 많이 읽어서 숙달해야 합니다. 어렵죠? 많이 읽는 것밖에는 방법이 없습니다. 단 문장이나 장 문장에서 잘 살펴보세요.

yang이 오는 문장에서 조동사 등의 위치는 수동태 문장의 형태로 된다는 것을 기억하세요.

④ 목적어가 앞에 오면서 수동태 문장으로 명령문을 만들 수 있습니다.

Pintu itu ditutup ketika keluar!　나갈 때 문을 닫아라.
Baju itu jangan dicuci!　그 옷을 빨지 마라.

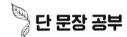

IIIIIIIIIIIIIIIIIIIIIIIIIIIIIIII　🍃 **단 문장 공부**　IIIIIIIIIIIIIIIIIIIIIIIIIIIIIIII

Modél baju yang baru saja kamu beli ketinggalan zaman.

네가 새로 구입한 옷 모델은 시대에 뒤처진다.

Aldo mémang dari kemarin **meréngék-réngék ingin jalan-jalan**. Kami bésok harus menghadiri **acara pernikahan kenalan kami.**

알도는 정말로 어제부터 **여행 가고 싶다고 졸라댔지.** 우리는 내일 **우리 지인의 결혼식 행사에** 참석해야 합니다.

Oléh karena itu, saya selalu menghindari **agar tidak terlibat dalam perkelahian.** Setelah burung itu sehat, **aku melepaskannya** ke alam bébas.

그래서, 저는 항상 **싸움에 연루되지 않으려고** 피합니다. 그 새가 회복된 후에, **나는** 자유로운 자연으로 새를 놓아 주었다.

Matahari terbit dari arah timur lalu terbenam ke arah barat. Ibu selalu berpesan agar saya tidak pergi main.

해는 동쪽으로부터 뜨고 그런 후 서쪽으로 진다. 엄마는 내가 놀러 가지 않도록 항상 당부했다.

Jika saya terlambat pulang,
ibu akan khawatir. (cemas)
Saya minta izin **pulang lebih awal**.
Kenapa mesin mobil ini
tidak dapat dinyalakan?
Besok, mari kita pikirkan
cara menyelesaikan masalahmu.
Kamu orang yang sangat dibutuhkan
di mana pun dan kapan pun.

Bermain ini dapat dilakukan
di mana saja dan **kapan saja.**
Siapa yang kalah harus menggéndong
yang menang.

Ayo, jangan putus asa,
maju terus pantang mundur.
Dengan berbagai alasan
aku menghindari jam olahraga.

Tentukan hal ini terlebih dahulu
sebelum direktur datang.
Berikut adalah **persiapan yang harus dilakukan**
sebelum melakukan sesuatu.

Walaupun aku tidak bisa melakukan hal itu,
aku akan berusaha keras sampai bisa.
Pikiranmu bagus banget.
Bagaimanapun nilaimu,
kamu harus mengakui dan menerimanya.

A : **Jikalau terjadi kecelakaan pada anakku**
  bagaimana?
B : Apabila terjadi masalah dengan anakmu,
  saya akan bertanggung jawab.

만일 내가 늦게 돌아오면,
엄마는 걱정하실 거야. (cemas)
나는 **더 먼저 퇴근하려고** 허락을 부탁했다.
왜 이 차의 엔진은
시동을 걸 수 없는 거야?
내일, 우리는 **너의 문제를**
해결할 방법을 생각해보자.
너는 언제 어디서나
매우 필요로 하는 사람이다.

이 경기는
언제 어디서나 할 수 있다.
진 사람이 누구든
이긴 사람을 업어야 합니다.

포기하지 마세요,
후퇴하지 말고 계속 나아가세요.
여러 가지 이유로
나는 체육 시간을 피했다.

이 일을 사장님께서 오시기 전에
최우선적으로 결정해라.
아래는 어떤 일을 하기 전에
해야 하는 준비다.

비록 **나는 그 일을 할 수 없지만,** 나는 할 수
있을 때까지 열심히 노력할 것이다.
네 생각은 정말 좋아.
너의 점수가 어떻든지,
너는 그것을 인정하고 받아들여야 한다.

만일 제 아이에게 사고가 발생하면
어떻게 해요?
당신 아이에게 문제가 발생하면,
제가 책임지겠습니다.

A : Katanya, Ali ingin berteman denganmu? 알리가 너와 친구하고 싶어 한다며?

B : **Entahlah. Kalaupun iya,** **모르겠어. 비록 그렇다고 해도,**

   aku yang enggak ingin. 내가 원하지 않아.

 entah(agak tidak tahu) 잘 모르겠다, 글쎄 모르겠다

Temukan **hari apa** dan **di stasiun TV mana** 요리 프로가 **무슨 요일 어느** TV

acara memasak disiaran. (diadakan) **방송국에서** 방송되는지를 찾아라.

Tungguilah **selama tujuh hari tujuh malam** 기도하면서 **7박 7일 동안**

sambil berdoa. 기다리세요.

|단어 공부|

segini	이만큼
sapi perah	젖소
halte	정거장
merangkul, memeluk	껴안다
pengeras suara	확성기
mengurutkan, mengaturkan, mengatur, menata	정리하다
terminal	터미널
puskesmas	보건소
berkeluarga	가정이 있는, 결혼한
memeras	옷을 쥐어짜다
memerah	젖을 짜다
aktor	남자배우
aktris	여자배우
pemain film	영화배우
artis, seniman	예술가
sulung	장남, 장녀
bungsu	막내
anak tunggal	외동
putri	딸

25

부정어 공부 🔊))

부정사는 bukan, tidak, belum, kurang 등이 있습니다.

bukan은 **명사와 대명사를** 부정하고, tidak는 **동사, 형용사를** 부정합니다.
belum은 **아직도 ~ 하지 않았다**는 뜻을 가지고 있습니다.

tidak와 belum의 차이는
tidak는 **~을 하지 않는다** 뜻이고
belum은 **아직~하지 않았다** 뜻으로 미래에 할 수 있다라는 의미를 가지고 있습니다.
kurang은 **좀 부족하다**라는 의미로 부정을 나타냅니다. 그러나 인도네시아인들은 tidak와 같은 뜻
으로 많이 사용합니다.

Tanpa는 **~이 없이**

Aku **tidak tahu.**	나는 **모른다.**
Aku **kurang istirahat** hari ini.	나는 오늘 **잘 쉬지 못했다.**
Aku **belum** sarapan.	나는 아침을 **아직도 안 먹었다.**

 bukan 은 부가의문문으로도 사용함, 부가의문문에서는 **kan** 으로 줄여 쓰기도 합니다.

Dia orang Koréa, **bukan?**	그는 한국 사람이지, **아니야?**
Dia orang Koréa, **kan?**	

 bukan은 부정구나 부정어, 명사를 부정합니다.

Mengapa kamu **tidak suka** makanan itu?	너는 왜 그 음식을 좋아하지 않니?
Bukan tidak suka,	싫어하는 것이 아니라,
karena aku **kekenyangan.**	내가 너무 배가 불러서 그래.
	(부정구를 부정)

Orang ini **bukan adikku,**
tetapi temanku.
Saya tidak bisa mengerti ucapan Anda.
Tolong katakan sekali lagi.

이 사람은 **제 동생이 아니고,**
제 친구입니다. **(명사를 부정)**
저는 당신의 말씀을 이해할 수 없습니다.
다시 한번 말씀해 주세요.

 sekali lagi 다시 한번, 한번 더   **satu lagi** 하나 더 (분명한 차이가 있으니 혼돈 마시길)

Saya **belum menentukan** rencana itu.

저는 그 계획을 **아직도 결정하지 않았습니다.**
(결정은 안 했지만 곧 결정합니다. 뜻이겠죠.)

 menentukan, memutuskan 결정하다

tidak는 enggak로 대화에서 많이 사용합니다.
Bésok kamu ada waktu, **enggak?**

내일 너 시간 있니, **없니?**

 인도네시아인들은 긍정과 부정을 동시에 사용하는 경우가 많으니 참고하세요.

🌿 단 문장 공부

ⅢⅢⅢⅢⅢⅢⅢⅢⅢ   ⅢⅢⅢⅢⅢⅢⅢⅢ

Pada kesempatan ini, kami akan mengadakan
rapat **tentang pemanasan global.**
Banyak orang berkumpul
untuk menonton konser.

이번 기회에, 우리는 지구 온난화에
대한 회의를 개최할 것입니다.
많은 사람이 **콘서트를 보기 위해**
모였다.

Antréan untuk membeli tikét panjang sekali.
Sampai sampai ada orang yang terluka
karena berdesakan.

표를 사기 위한 줄이 정말 길었다.
심지어 서로 밀쳐서
다친 사람이 있었다.

A : Mau belanja apa?
B : Hanya mau melihat lihat saja .

뭘 사시려고요?
그냥 둘러보려고요.

 백화점 갔을 때 점원이 뭘 사겠냐고 물으면 웃으면서 이렇게 한 마디 하세요.

A : Sakit apa? **Mukamu pucat.**   어디 아파? **너의 얼굴이 창백해.**

B : Badan saya kurang énak.   몸이 별로 안 좋아요.

A : **Bagaimana gejalanya (kondisinya)?**   **증상이(상태) 어때?**

B : Kepalanya pusing dan demam.   머리가 어지럽고 열이 있어요.

 | muka, wajah 얼굴

A : **Bagaimana hal ini?**   이 일을 어떻게 하니?

B : Tidak ada **pilihan lain.**   다른 선택이 없어.
 (tidak ada jalan lain)

A : Mari kita cepat **laporkan** kepada atasan.   우리 상사에게 빨리 **보고하자.**

B : Cepatlah.   서둘러라.

A : **Ali, mari kita mengikuti féstival**   알리, 우리 먼 사무실 운동장에서
 yang diadakan di lapangan kelurahan.   개최하는 축제에 참석합시다.

B : **Féstival apa yang akan diadakan**   **무슨 축제가 개최되고**
 dan kapan dimulai?   언제 시작이 됩니까?

A : **Féstival musik** dan biasanya diadakan   **음악 축제이고 보통**
 dari akhir Februari sampai awal Maret.   2월 말부터 3월 초까지 개최됩니다.

B : Oké, mari kita mengikuti acara tersebut.   그래, 우리도 그 행사에 참석합시다.

 | festival 노래 등의 축제   acara 일반 행사
 pesta 결혼 등의 파티 행사

Liburan tahun ini **sangat menyenangkan**   올해 휴가는 **매우 즐거웠습니까**
atau tidak?   아닙니까?

Berikan tanggapan atau komentar.   의견이나 비평을 **해라.**
Ikutilah petunjuknya di bawah ini.   아래에 있는 그 지시를 따르세요.

Carilah jadwal acara TV di surat kabar.   신문에서 TV 프로 목록을 찾아
Biarlah dia melakukannya.   그가 그것을 처리하도록 두세요.
Bertanyalah apa pun yang kamu inginkan.   네가 원하는 것이 무엇이든 물어봐.
Keluarkan saya dari sini.   나를 여기로부터 꺼내줘.
Bawalah istriku ke dalam.   안으로 내 아내를 데려가세요.

Kamu datang saja ke sini.
Tuangkan lalu **aduklah** hingga rata.
Berikan pendapatmu **disertai alasan!**

당신이 여기로 오세요.
부어라 그런 후 균일할 때까지 **저어라.**
이유와 함께 네 의견을 주어라!

Menyimpulkan isi pengumuman itu!
Setelah itu **buatlah ringkasannya**

그 공문 내용을 **결론 지어라.**
그 후에 **그 요약을 만들어라.**

Tolong rékomandasikan réstoran
yang paling terkenal.
Ayo, **semua minggir** ke tepi lapangan.

가장 유명한 **식당을 추천해 주세요.**

모두 운동장 바깥쪽으로 **비켜 주세요.**

Berapa rata-rata tinggi badan orang Koréa?
Hanya satu keinginanku adalah
harta benda yang melimpah.

한국 사람의 **평균키는 얼마니?**
오직 하나의 내 바람은
넘치는 재물이다.

Apakah benar **yang dikatakan temanmu?**
Aku tidak mau langsung percaya **begitu saja.**
Coba jelaskan garis besar isi percakapan itu.

친구가 말한 것이 올바르니?
나는 **그저 그렇게** 바로 믿고 싶지 않다.
그 대화 내용의 **큰 줄거리를 설명해봐라.**

Anda **tidak boléh lakukan lagi** hal itu.
Manusia tidak boléh **membeda bedakan orang.**
Serempak teman-teman menunjuk saya.

당신은 그 일을 **다시는 해서는 안 된다.**
인간은 **사람을 차별해서는** 안 된다.
친구들은 **동시에** 나를 가리켰다.

karbohidrat	탄수화물
mendatar, merata	균등해지다, 평평해지다
sesak napas	호흡곤란
bibit penyakit	병균
puntung rokok	담배 꽁초
biaya hidup	생활비
penyebaran penduduk	인구 확산
budidaya	재배장, 양식장, 농장
usus besar	대장
usus buntu	맹장
usus halus, usus kecil	소장
bibit, benih	씨앗

Bab 3.
인도네시아어 기초 문장

단 문장

Makanan yang kita makan sehari-hari
sangat diperlukan bagi pertumbuhan.
Untuk melakukan kegiatan dan olahraga,
kita perlu makanan.

매일 우리가 먹는 음식은
성장을 위하여 매우 필요하다.
활동과 운동을 하기 위하여,
우리는 음식이 필요하다.

Pak Ali **seorang lintah darat.**
Dia meminjamkan uang kepada para tetangga
dengan bunga yang sangat tinggi.
Penderitaan para tetangga
tak pernah ia rasakan.

알리 씨는 **고리대금업자다.**
그는 이웃에게 **매우 높은 이자로**
돈을 빌려 준다.
이웃들의 고통을
그가 느낀 일이 없었다.

Suku bangsa Indonésia **mempunyai corak seni**
dengan ciri khasnya masing-masing.
Corak seni yang menggambarkan
kehidupan masyarakat perlu dilestarikan.

인도네시아 종족은 각각의 특별한
특성을 가진 **예술 문양을** 갖고 있습니다.
주민의 삶을 설명하는 예술 문양은
보전할 필요가 있습니다.

Sepéda seperti ini, mungkin
masih bisa kita lihat **di aréna sirkus.**
Saya membuang **bagian atas botol** dan
memanfaatkan **bagian bawah.**

이러한 자전거는, 아마도 우리가
서커스장에서 여전히 볼 수 있을 것이다.
나는 **병의 윗부분을** 버리고
밑 부분을 사용했다.

Apa **yang menarik perhatihan kamu?**
Binatang binatang di sana **dibiarkan bébas.**

너의 관심을 끈 것은 무엇이냐?
거기 있는 동물들은 방목되어 있었다.
(자유롭게 있었다)

Pintu dan kaca mobil **harus ditutup rapat.**
Ibu lalu **membagikan** roti dan minuman.

차 문과 창문을 꼭 잠가야 합니다.
엄마는 그리고 나서 빵과 음료를 **나누어** 주었다.

Aku harus memberi **contoh yang baik.**

나는 좋은 예시를 보여 주어야 한다.

Walau bagaimanapun sifatnya,
aku tetap (masih) **sayang dia**.

비록 그의 성격이 어떻든,
나는 여전히 **그를 사랑합니다**.

Kita harus sering menguras kolam,
menutup **tempat penampungan air,**
dan mengubur **barang bekas.**

우리는 연못을 자주 청소해야 하고,
물탱크를 닫고,
헌 물건을 묻어야 합니다.

Keinginanmu **akan terkabul.**
Lukisan kompor berubah
menjadi kompor sebenarnya.(kenyataan)

너의 소원은 **이루어질 거야.**
가스레인지 그림은
진짜 가스레인지로 되어 변했다.

Rencananya sih, **saya mau patungan**
bersama teman-teman di apartemén.

계획은 말이야, 아파트 친구들과
나는 공동구매하고 싶어.

A : Hari Selasa kamu puasa nggak?
B : Pasti dong, **Kalau nggak ada halangan.**

화요일 너는 금식할 거니 아니니?
확실히 해야지, **만일 생리만 없다면.**

 | **mensturasi** 월경, 생리

Beberapa teman **menggotong tubuh Umi.**
Kamu juga bisa menuangkan **imajinasimu.**

여러 친구들이 **우미 몸을 함께 들었다.**
너는 또한 **너의 상상력을** 쏟아부을 수 있다.

Di atas kué, ada lilin
yang menandakan umur Dinda.
Pesan Lili, semoga kamu menjadi teman
yang berbudi dan mandiri.

그 케이크 위에는, **딘다의 나이를**
표시해주는 촛불이 있었다.
리리의 당부는, 아무쪼록 네가 **현명하고**
독립적인 친구가 되기를 바랄게.

Iya, Mama mengerti,
tetapi kalau kita tidak hati-hati,
jangan-jangan Ressi malah merasa terhina.

그래, 엄마는 이해합니다. 그러나 만일
우리가 조심하지 않으면, **아마도**
레시는 오히려 모욕 받는다고 느낄 것이다.

Kamu masih ingat ya.
Masa aku lupa **kenangan tersebut.**
Semoga kamu tidak grogi.

너 아직도 기억하고 있구나.
내가 그 추억을 잊을 리가 있나.
네가 주눅 들지 않기를.

Paling paling, matamu jadi cepat minus.
Aku tidak tahu
di mana pulpén itu **aku letakkan**.
Bagaimana cara kamu membagi waktu
antara sekolah dan berjualan koran seperti ini?

기껏해야, 네 눈이 빨리 마이너스로 된다.
나는 어디에 그 볼펜을 **내가 놓았는지**
알지 못했다.
너는 **학교와 이처럼** 신문을 파는
사이의 시간을 어떻게 배분하니?

Meréka berdua duduk saja
berpangku tangan.

그들 둘은 **아무 일도 하지 않고**
앉아만 있었다.

Jangankan ke kota, gedung pun
saya belum pernah melihat.
Meskipun demikian,
saya belum pernah kesal karena itu.
Sedikit pun hatiku tidak bergerak
karena itu.

도시로 가본 것은 말할 것도 없고,
건물조차도 저는 본 적이 없습니다.
비록 그러하지만,
나는 그것 때문에 짜증 내 본 일은 없었다.
조금도 그것 때문에
나의 마음은 움직이지 않았다.

Tumbén hari ini jalannya tidak macet,
biasanya selalu macet.

웬일로 오늘은 길이 안 막히냐,
보통은 항상 막히는데.

Tumbén malam-malam begini keluar,
ada apa sih!

이상하네 이런 밤중에 나가다니,
도대체 무슨 일이야!

 이런 문장은 일반적으로 현지인이 자주 사용하니 잘기억하세요. **tumben** 을 사전에서 한번 찾아보세요.

Ia sudah dikutuk menjadi serigala hitam.
Meskipun ada teman yang menyakiti kita,
kita tetap harus berbuat baik kepadanya.

그는 검은 늑대가 돼서 **저주받았다.**
비록 우리 마음을 아프게 하는 친구가 있어도,
우리는 그에게 여전히 올바르게 행동해야 한다.

Dan harus melupakan kesalahannya.
Kita juga tidak boléh **menyimpan**
perasaan dendam.
Kita tidak boléh **mengkhianati teman.**

그리고 그의 잘못을 잊어야 합니다.
우리는 복수하는 **마음을 가져선 안** 된다.

우리는 **친구를 배신**해서는 안 된다.

 좋은 교훈입니다. 우리는 항상 남을 배려하고 사랑합시다.

A : **Dapatkah (boléh) saya berfoto di sini?** 여기서 제가 사진 찍어도 됩니까?

B : Tidak boléh. 안돼요.

　　Di sini wilayah dilarang memotrét. 여기는 사진 금지 구역입니다.

A : Tolong fotokan aku. 사진 좀 찍어주세요.

 berfoto, memotert, memfoto 사진 찍다　　**fotokan** 사진 찍어주다

Untukku (bagiku) 나에게 있어선 이기는 것과 지는 것은
menang atau kalah **tidak jadi masalah.** **문제가 되지 않는다.**
Yang penting, **berani maju** 중요한 것은, 용감히 나아가고
dan tidak malu malu. **부끄러워하지 않는 것이다.**

Hari panas, **angin berembus kencang,** 더운 날, **바람은 강하게 불었고,**
debu pun bertebaran. 먼지 또한 산재해 있었다.
Kepala sekolah menyalami **교장 선생님이 대단한 칭찬을 하면서**
sambil memberikan pujian yang luar biasa. **축하를 해주었어요.**

Dari kejauhan, **tampak** Pak Imad 멀리서부터, 이맛 씨가 바시르 씨를
memanggil Pak Basir. 부르는 것이 **보였다.**
Suasana rumah menjadii tégang. 방의 분위기는 긴장됐다.
Coba lihat tali yang aku kirim. 내가 넣은 **줄을 봐라.**

Nah, sekarang, **kuncinya** Dinda cabut, ya! 그래, 지금, **열쇠를 딴다가 뽑아라!**
Coba kamu kaitkan kunci itu ke kawat. 네가 그 **열쇠를** 철사에 **묶어봐라.**
Kuncinya sudah dikaitkan(diikatkan)? **열쇠를** 이미 **묶었어?**

Dia tetap melirik 그는 여전히 다른
perempuan perempuan cantik lainnya. 이쁜 여자들을 **곁눈질했다.**
Biasanya pacar-pacar Ali 보통 **알리의** 성격을 이미 안 알리의
yang sudah mengetahui sifat Ali 애인들은 즉시 그들의
segera mengakhiri hubungan meréka. 관계를 끝내버렸다.

Rambutmu **mulai memutih.** 당신 머리는 희어지기 시작합니다.
Kulitmu **mulai keriput.** 당신 피부도 주름지기 시작합니다.
Gigi **tak utuh lagi.** 치아는 다시 처음처럼 돌아오지 않습니다.
Anda selalu **menghiburku.** 당신은 항상 **나를 위로해** 주셨다.

02

명령 및 금지 문장

Jangan mengorék telinga
dengan benda tajam.
Sampaikan maafku pada Ali.
Kursi kursi dipinggirkan.

날카로운 물건으로
귀를 후비지 마라.
알리에게 **나의 미안함을** 전해라.
의자를 한쪽 구석으로 내 몰아라.

Sempurnakan benda
yang belum jadi ini.
Lain kali, jangan meletakkan
barang sembarangan!

아직도 완성되지 않은
이 물건을 완성시켜라.
다음엔, 물건을 아무렇게나
놓아두지 마라!

Pasangkan setéker pada stop kontak.
Masukkan stéker ke stop kontak.
Tekan atau **putar** tombol ON
untuk menghidupkan radio.

콘센트에 **플러그를 끼워라.**
콘센트에 **플러그를 꽂아라.**
라디오를 켜기 위하여
ON 단추를 **누르**거나 **돌려라.**

Tekan saja tombol OFF
untuk mematikan radio.
Bacalah kalimat
yang digarisbawahi berikut ini!

라디오를 끄기 위해
OFF 단추를 **눌러라.**

다음 밑줄 친 문장을 읽어라!

Segera ungsikan(bawalah) ke ruang isolasi!
Cabutlah kabel listrik.
Simpanlah setrika **di tempat yang aman**.
Jauhilah dari jangkauan anak-anak.

격리실로 즉시 **피신시켜라.** (데려가라)
전기선을 **뽑아라.**
안전한 장소에 다리미를 보관해라.
아이들 손이 닿는 범위로부터 **멀리해라.**

Cepat berbarislah!
Tolong dekatkan barang itu ke sini.
Tolong péndékkan tali itu!

빨리 줄을 서라!
그 물건을 여기로 가까이해 주세요.
그 끈을 줄여 주세요.

Pilihlah stasiun yang akan ditonton.
Yang belum mulai,
mulailah dari sekarang!
Berilah tanda céntang pada daftar belanja.

보려는 **방송국을 골라라.**
아직도 시작하지 않은 사람은,
지금부터 시작합시다.
쇼핑 목록에 **체크 표시를 해라.**

Masukkan telur dan gula pasir,
kemudian kocoklah!
Setelah dikocok, **tambahkan terigu.**
kemudian **aduklah dengan rata.**
Tuang dalam cetakan. **Lalu kukuslah!**

계란과 가루설탕을 **넣어라,**
그러고 나서 흔들어라.
흔든 후, 밀가루를 첨가해라.
그런 후 균일하게 저어라.
모형 속에 부어라. 그리고 쪄라.

 빵 만드는 과정 잘 보세요

Kamu! **ke sini sebentar.**
Jangan bersedih terus, lupakanlah.

너! 잠시 이리로 와라.
계속 슬퍼하지 마라, 잊어버려라.

Matikan saja lampunya! (Matiin)
Laksanakanlah acara ini.
Péganglah tangan.
Lengkapilah. (Isilah).

전등을 꺼!
이 행사를 **실행해 봐라.**
손을 **잡아라.**
기입해라. 채워라.

Tulislah di sini. Catatkan (Catatlah) di sini.
Rapikanlah. Bereskanlah. Bersihkanlah.
Salinlah surat ini!

여기에 써 봐라.
정리해라, 청소해라.
이 서류를 복사해라!
(이 서류를 **옮겨 적어라**)

Gabungkanlah dengan kelompok ini.
Hubungkan benang ini dengan benda itu.
Ucapkan salam kepada orang yang lebih tua.
Urutkan (aturkan, susunlah) barang ini.

이 단체에 합류해라.
이 실과 저 물건을 **연결해라.**
더 나이 든 분께 **인사해라.**
이 물건을 정리해라.

대부분의 명령문은 동사 어미에 ~kan, ~kanlah, ~lah 를 결합시켜 사용합니다.
~lah 를 붙이면 좀 부드러운 표현이 됩니다. 뜻은 같습니다.

Cocokkan barang ini dengan benda itu.

이 물건과 저 물건을 비교해봐라.

mencocokkan, membandingkan, membedakan, mengontraskan
맞추어, 대조해 봐라

Bedakan perbuatan buruk dan baik. 올바른 행동과 나쁜 행동을 **구별하라.**
Lakukanlah percakapan. 대화를 **해봐라.**

Tanamkanlah tanaman ini. 이 식물을 **심어라.**

 tanaman, tumbuhan 식물 **tumbuh** 자라다

Lindungilah diri sendiri dari bencana alam. 자연 재해로부터 **자신을 지켜라.**

 bencana, musibah 재해 **kecelakaan** 사고

Menyelamatkan diri. Melindungi diri. 자신을 지키다.
Hitunglah uang ini dengan teliti. 이 **돈을** 정확하게 **세어봐라.**
Nyanyikan lagu yang kamu sukai. 네가 좋아하는 **노래를 불러봐라.**

Keringkan pakaianmu di bawah terik matahari.네 옷을 햇빛 아래에서 **말려라.**
Jemurlah baju yang basah di atap rumah. 젖은 옷을 지붕에서 **말려라.**

Tentukanlah (putuskan) judul yang baik. 올바른(좋은) 제목을 **정해라.**
Tunjuklah calon ketua kelompok. 단체장 후보를 **지명해라.**

Warnailah (catlah) tembok rumah. 집 벽을 **칠해라.**
Pélkan lantai kantor yang kotor! 더러운 사무실 바닥을 **닦아라!**
Lapkan kaca jendela! 창문 유리를 **닦아라!**

 바닥을 닦다 와 의자나 창문을 닦다 는 쓰이는 단어가 다릅니다.

Bawalah surat kabar ke kantor! 신문을 사무실로 **가져와라!**
Ambilkan HPku di atas meja! 책상 위에 있는 내 핸드폰을 **가져다줘라!**

Potonglah kertas sesuai keinginan kamu! 종이를 네가 원하는 대로 **잘라라!**
Pindahkan mesin ini ke sana! 이 **기계를** 저리로 **옮겨라!**
Tukarkanlah buku ini dengan bukuku! 이 책과 내 책을 **바꿔라!**

Jangan bicara kepada siapa pun! 아무에게도 **말하지 마라!**

Dilarang kencing di sembarang tempat! 아무 데서나 소변보는 것은 금지된다!

Larutkan garam dalam air. 물속 소금을 용해 시켜라.

Celupkan handuk itu ke dalam air garam. 소금물 속에 그 수건을 담가라.

Lekatkan (témpelkan) hasil karya di dinding. 벽에 **작품을 붙여라.**

Gosokkan (oleskan) handuk ke atas noda. 얼룩 위로 **수건을 문질러라.**

Guntinglah kertas sesuai dengan ukuran. 사이즈에 맞게 **종이를 잘라라.**

Biarkan sampai kering. 마를 때까지 **두어라.**

Bandingkan barang ini dengan itu. 이 물건을 그것과 **비교해 봐라.**

Tebaklah apa ini. 이것이 무엇인지 **추측해 봐라.**

Praktikkan cara membuat benda ini. 이 물건을 만드는 방법을 **실습해 봐라.**

Buanglah sisa sisa makanan. 음식 남은 것을 **버려라.**

Di dalam kantor **dilarang merokok.** 사무실 안에서는 **금연입니다.**

Di seluruh aréa perusahaan juga 회사 전 지역에서도 **함부로**

dilarang meludah sembarangan. **침을 뱉는 게 금지됐습니다.**

Kamu **tidak boléh ingkar janji.** 너는 **약속을 어겨서는 안 된다.**

Perintah orang tua **tidak boléh dilanggar.** 부모님의 지시를 **어겨서는 안 된다.**

Bekerja **tidak boléh main main.** 일은 장난삼아 **해서는 안 된다.**

의문 문장

Mengapa Mia **ngambek?** 　　　　　왜 미아는 **토라졌니?**

Kapan terjadi kecelakaan? 　　　　언제 사고가 발생했니?

Mengapa kamu kagét? (terkejut) 　왜 너는 놀랬니?

Apa maumu datang ke sini? 　　여기 온 **너의 바람은** 뭐니?

Apakah kamu **bisa pulang sendiri?** 　너 혼자 돌아갈 수 있어?

Apa yang terjadi dengan orang itu? 　그 사람에게 **무슨 일이 생겼니?**

Dokumen apa **yang diperlukan?** 　　**필요한 것은** 무슨 서류에요?

Mengapa kamu kemarin **pulang cepat?** 　왜 너는 어제 **빨리 돌아갔니?**

Biasanya **jam berapa kamu tidur?** 　보통 넌 **몇 시에** 자니?

Biasanya **bank buka dan tutup jam berapa?** 보통 은행은 몇시에 열고 닫니?

Bank buka jam 10 dan tutup jam 3 sore. 　은행은 10시에 열고 오후 3시에 닫는다.

A : Hello Ali, kamu sekarang di mana? 　알리, 너 지금 어디 있는 거야?

　　Lagi apa (sedang apa)? Sama siapa? 　뭐하고 있어? 누구와 있는 거야?

B : **Apaan sih,** kepo banget deh. 　　**뭐야,** 오지랖이 넓구만.

Kepo (aku mau tahu) 오지랖이 넓은, 모든것을 알고 싶어하는. 사투리로, 남들이 이야기하고 있을 때, 나도 알고 싶어 라는 의미로 **kepo** 를 사용합니다.

Apa bahan dasar untuk membuat bonéka itu? 그 인형을 만드는 **기본 재료는** 뭐니?

 　bahan dasar(pokok, baku, utama) 주 재료

Masa lebaran **mulai kapan** 　　　　르바란 기간은 언제 시작하고

dan **selesai tanggal berapa?** 　　　며칠날 끝나니?

Apa judul lagu yang telah kamu nyanyikan? 　네가 부른 **노래 제목은** 뭐니?

Dengan apa kamu memperbaiki sepeda? 무엇으로 너는 자전거를 고쳤니?
Apa yang Anto bawa? 안토가 가져온 것은 뭐니?
Di mana **Lili tergelétak pingsan?** 어디에서 **리리는 졸도해서 드러누웠니?**
Tahukah kamu apa sebabnya? 원인이 무엇인 줄 **너는 아니?**

Maukah kamu jadi temanku? 당신은 내 친구가 되고 **싶습니까?**
Apa yang kamu lihat? 네가 본 것은 뭐야?
Apakah temanmu **ada yang sakit?** 네 친구 중에 **아픈 사람이 있니?**

(Adakah **temanmu yang sakit?**) (네 친구 중에 아픈 사람이 있니?)
Apakah kamu memiliki **hewan peliharaan?** 넌 애완 동물을 가지고 있니?
Bagaimana cara merawatnya? 어떻게 그것을 키우니?
Gigi mana yang sakit? **어느 이빨이** 아프니?
Anda mau membuat apa? 당신은 무엇을 만들려 하세요?

Bagaimana rasa buahnya? 그 과일 맛은 어떠니?
Benda ini disebut dengan nama apa? 이 물건은 무슨 이름으로 불리니?
Apa saja kegunaan (guna) benda itu? 그 물건의 **용도는 어떤 것** 들이니?
Apa fungsi mesin ini? 그 기계의 **기능은 무엇이니?**

Apa yang terlihat dari kejauhan? 멀리서 **보이는 것은 무엇이니?**
Ia mengenakan apa di kepalanya? 그는 머리에 무엇을 쓰고 있니?
Siapa saja yang ikut bekerja dengan Lili? 리리와 함께 일하는 사람은 누구누구니?
Apa yang sedang dimainkan Lili dan Doni? 리리와 도니가 놀이하고 있는 것은 뭐니?

Siapa yang keluar pertama kali dari pabrik? 누가 공장에서 **처음 나왔니?**
Siapa yang keluar paling lambat dari pabrik? 누가 공장에서 **제일 늦게 나왔니?**
Mengapa wajah kamu **tampak murung?** 왜 네 얼굴은 우울해 보이니?

Siapa yang bisa memainkan alat musik ini? 누가 이 악기를 연주할 수 있니?
Dari mana kamu dapatkan **uang sebanyak itu?** 어디서 넌 그 만큼의 돈을 가졌니?
Di mana **puskesmas didirikan?** 어디에 보건소는 세워졌니?
Mudahkah cara membuatnya? 그것을 만드는 방법이 쉽니?
Apakah bahannya mudah dicari? 그 재료를 쉽게 찾았니?

Bagaimana kalau sekarang kita makan bersama? 지금 우리 같이 식사하면 **어때?**

Ada berita apa hari ini? 오늘은 무슨 뉴스가 있지?

Bagaimana pendapatmu 만일 규칙을 어기는 사람이 있다면

jika ada orang yang melanggar peraturan? 너의 의견은 어떠니?

Jumlah saldo tabunganmu berapa ya? 너의 통장 잔고의 합은 얼마니?

Berapa bulan sekali kamu memeriksa gigimu? 몇 달에 한 번 너는 이를 검사하니?

Apakah kamu sekarang merasa kesepian? 너는 지금 외로움을 느끼니?

Berapa lama maksimal 차용 연장 기간은

masa perpanjangan peminjaman? **최대 얼마 동안이니?**

Barang ini **sama dengan apa?** 이 물건은 **무엇과 같니?**

Berapa lama lagi untuk ke sana? 거기 가기 위하여 **얼마나 더 걸립니까?**

Jalan apa **yang kamu lalui?** 네가 지나고 있는 길은 무슨 길이니?

Untuk apa **kamu ke sana?** 무슨 일로 **당신 거기 가세요?**

Ada hal apa di sana? 거기에 **무슨 일 있어요?**

(Ada urusan apa di sana?)

Kamu mencari informasi apa? 너는 무슨 정보를 찾니?

Berapa diskon yang diberikan 여행사 직원이 주는

pegawai biro perjalanan? **할인은 얼마니?**

Bagaimana rasa kamu menjelang operasi? 수술할 때쯤 **너의 기분은 어떠니?**

Bagaimana **untuk memutuskannya?** 그것을 결정하려면 어떻게 해야 하니?

Bila kamu mengunjungi pabrik 만일 우리가 공장을 방문한다면

apa saja yang ingin kamu ketahui? 네가 알고자 하는 것은 무엇들이니?

Bagaimana pendapatmu 그 **부탁에 대하여**

tentang permintaan itu? 너의 의견은 어떠하니?

Kenapa kamu terlihat kecéwa? 왜 너는 실망스럽게 보이니?

Saya lupa **kapan tepatnya.** 저는 정확히 말해서 언젠지 잊어버렸어요.

Kapan uang yang kamu pinjam 언제 네가 빌려 간 돈을 갚을 거니?

akan dikembalikan?

(Kapan kamu akan mengembalikan uang yang kamu pinjam?)

Apa alasan kamu keluar
dari pekerjaan sebelumnya?

예전 직장으로부터
당신이 나온 이유가 무엇입니까?

Berapa ukuran benda itu?
Siapa yang akan mengantarmu?

그 물건 사이즈는 얼마니?
누가 너를 데리고 갈 것이니?

Di mana **peserta bisa memperoléh**
formulir pendaftaran?

어디서 **참석자들은**
등록 서류를 **받을 수 있니?**

Berapa meter jarak toko dari sini?
Digunakan untuk apa benda itu?
Apa penyebab utama kerusakan barang itu?

여기로부터 **가계의 거리는 몇 미터니?**
그 물건은 무엇을 위하여 사용되니?
그 물건 파손의 주원인은 무엇이니?

Coba jelaskan **satu per satu**.
Bahan apa saja yang diperlukan
untuk membuat benda itu?

하나하나 설명을 해봐라.
이 물건을 만드는데
필요한 것은 무슨 재료들이니?

Peralatan apa yang digunakan
untuk membuat benda itu?
Tahukah kamu **bagaimana cara**
menggunakan alat ini?

이 물건을 만드는데
사용한 것은 무슨 도구니?
어떻게 이 도구를 사용하는지를
너는 아니?

Kepada siapa **pengumuman itu ditujukan?**
Siapa yang matéénkan idé pembuatan TV?

누구에게 **이 공문은 전해지니?**
누가 TV 제작 아이디어를 특허 냈니?
(TV제작 아이디어를 특허 낸 사람은 누구니?)

Kapan kenaikan tarif angkutan **mulai berlaku?**

언제 운송 요금 인상은 **효력이 시작되니?**

Berasal dari siapa
idé pembangunan Monas?
Kapan museum ini **diresmikan?**

모나스의 건설 아이디어는
누구에게서 나왔어요?
언제 이 박물관은 준공됐습니까?

Bagaimana pada awalnya
hubungan kamu dan **temanmu?**
Kota itu **jaraknya kira-kira berapa**
dari sini?

너와 네 친구와의 관계는
처음엔 어땠니?
그 도시는 여기서
그 거리가 대충 얼마나 되니?

Tunggu apa lagi? 무엇을 더 기다리니?

Sekarang posisinya (lokasinya) di mana, Pak? 선생님 지금 위치가 어디세요?

 택시를 예약할 때나, 택시를 기다릴 때, 기사가 위치를 물을 때 많이 사용됩니다.

Apa saja langkah awal yang harus dilakukan 조사를 하기 전에

sebelum melakukan pengamatan? 해야 할 첫 조치는 무엇무엇이니?

Barang berharga **harus dititipkan kepada siapa?** 비싼 물건은 누구에게 맡겨야 합니까?

Bagaimana cara **kita bisa meningkatkan** 어떻게 우리는 우리의 제품 생산을

produksi barang kita? 높일 수 있니?

Berapa lama **kamu berlatih** setiap hari? 매일 얼마나 오랫동안 당신은 연습하셨어요?

Apa yang kamu rasakan setelah kegiatan itu? 그 일 후 네가 느낀 기분은 무엇이니?

Mana barang itu? 그 물건은 어디 있어요?

Apa yang harus kita siapkan? 우리가 준비해야 하는 것은 뭐니?

Apa lagi yang harus aku bawa? 내가 가져가야 하는 것은 또 뭐니?

Pekerjaan bidang apa 어떤 분야의 일에

yang paling kamu minati? 너는 제일 관심이 있니?

Tahun berapa buku tersebut diterbitkan? 몇 년도에 그 책은 출판됐니?

Berapa pun harga yang kamu minta 네가 바라는 가격이 얼마든 간에

aku akan membelinya. 나는 그것을 살 거야.

Hari Minggu begini kamu mau ke mana? 이와 같은 일요일에 너는 어디 갈 거야?

Siapa yang terlibat dalam hal itu? 그 일에 **연루된 사람**은 누구니?

Dapatkah kamu membédakan 이 물건과 저 물건을

barang ini dan barang itu? 너는 구별할 수 있니?

Jika besar nanti, 나중에 크면,

kamu akan bekerja sebagai apa? 너는 어떤 일을 하고 싶니?

Masalah apa yang kamu hadapi
setelah masalah itu?

그 문제 이후 네가 극복한 것은
무슨 문제니?

Apa nama stasiun TV
yang menyiarkan berita tersebut?
Kapan konferénsi itu akan diselenggarakan?

그 뉴스를 방송하는
TV 방송국 이름은 무엇이니?
언제 그 회담은 개최될 것이니?

Kelompok siapa
yang mendapat nilai paling bagus?
Sudah pernahkah **kamu melakukannya?**

어느 단체가
가장 좋은 점수를 받았니?
이미 너는 그것을 해본 적이 있니?

Siapa yang menyuruhmu **datang kemari?**
Kenapa kamu diam saja?
Berapa modal kamu
untuk membuka usaha itu?

누가 너를 **여기 오라고** 했니?
왜 너는 조용히만 있니?
그 회사를 열기 위한
너의 자금은 얼마니?

Mau apa (untuk apa) liburan ke sana?
Bagaimana kalau kita buat sama-sama?

뭐 할려고 거기에 휴가를 가니?
우리 함께 만들면 어떨까?

mendonorkan : 헌혈하다, 기증하다

Kesulitan apa yang dihadapi Ibu?

아주머니께서 겪은 것은 **어떤 어려움입니까?**
(무슨 어려움을 아주머니는 겪었습니까?)

Apakah kamu bisa menjelaskan
secara berurutan dari awal hingga akhir?
Sedang apa kalian di situ?
Apakah kamu sudah pernah
mendonorkan darah?

너는 처음부터 끝까지 **순차적으로**
설명할 수 있니?
너희들 거기서 뭐하고 있니?
너는 이미 **헌혈을 해 본** 적이 있니?

Narator : Andri dari mahasiswa Pancasila jurusan hukum

Chica dari mahasiswa Guna darma

Ressi dari mahasiswa UI jurusan komunikasi

Febri, Desi dari ibu tetangga

Indah dari mahasiswa UI jurusan sastra Jerman

Mini dari mahasiswa UI jurusan bahasa Korea

Cindar, Azora dari mahasiswa UI jurusan sastra Jepang

Amyra, Chintya dari mahasiswa UI jurusan sastra Filsafat

Fira, Nabil dari mahasidwa UI jurusan hukum

Anis dari mahasiswa UI jurusan sastra Belanda

1권의 녹음을 위하여 도와주신 상기 14명에게 무한한 감사의 말씀을 드립니다.

감수자 : **Rere, Maudy, Arsya** dari mahasiswa UI jurusan bahasa korea

Ahmat, Abi, Andri, Amira, Adina, Azijah, Dapit, Suyadi

dari teman dan tetangga saya

이 책 감수를 위하여 도와주신 상기 11명 여러분에게도 무한한 감사를 드립니다.

"본문의 녹음 파일은 저자가 의도적으로
다양한 계층과 현지에서 직접 녹음한 관계로
완벽하지 않은게 있을 수 있습니다.
미진한 부분은 추가로 녹음하여 MP3 파일을 업로드할
예정이오니 참고 바랍니다."

Bab 4.
인도네시아어
기초 문단

1. 자연재해, 화재 및 사고 관련 문장

Musibah tidak dapat diduga,
kapan datang dan akan menimpa kita.

재난을 예측할 수가 없습니다,
언제 우리에게 오고 들이닥칠 것인지.

Jalan menuju ke lokasi itu **sangat sempit.**
Kecelakaan dapat terjadi
kapan pun dan **di mana saja.**

그 위치로 가는 길은 **매우 좁았다.**
사고는 **언제 어디서든**
발생할 수 있습니다.

Pada waktu kecelakaan itu,
aku lihat kejadiannya.
Aku membawanya **ke rumah sakit terdekat.**

그 사고 당시에,
나는 그 사고를 보았다.
난 **가장 가까운 병원으로** 그를 옮겼다.

Sopir mengendarai mobil itu
dengan kecepatan tinggi.

운전수는 **과속으로**
그 차를 몰았다.

Sopir yang telah menabraknya
kabur entah ke mana.
Aku berkata **dengan napas terengah engah.**

이미 그를 들이 받은 운전수는
어디론가 도망가 버렸다.
나는 **숨을 몰아쉬면서** 말했다.

Jalanan masih **lengang. (sepi)**
Di jalan tol terjadi kecelakaan lalu lintas.
Sebuah bus dengan kecepatan tinggi
tiba-tiba ban depannya meletus.

길은 여전히 **한적했다.**
고속도로에서 교통사고가 발생했다.
과속한 한 버스가
갑자기 앞 타이어가 터졌다.

Bus itu terbalik.
Ada seorang wanita terjepit (terhimpit)
di antara kursi.

그 버스는 전복됐다.
의자 사이에
끼인 한 여성이 있었다.

Apabila dia tidak segera dibawa
ke rumah sakit **bisa berakibat fatal.**

만일 그녀를 즉시 병원으로 옮기지 않으면
치명적인 결과를 초래할 수 있었다.

Pemerintah akan terus mencari **bangkai**
pesawat yang jatuh di perairan Sulawési.
Oléh karena itu, **keluarga korban**

정부는 술라웨시 해역에 **추락한**
비행기 동체를 계속 찾을 것입니다.
그렇기 때문에, **희생자 가족은**

harus bersabar dan terus berdoa
sesuai keyakinan masing-masing.

인내하셔야 하고 각자의 소신껏
계속 기도하셔야 합니다.

mayat, **jenazah** 시체
terjepit ~에 끼인
fatal 치명적인
lengang 도로가 한가하다고 할 때 사용

bangkai 동물의 시체, 물건의 잔해
dengan kecepatan tinggi 과속한
sepi (식당이나 장소에서) 한가하다

Ia mendengar rintihan kesakitan.
Makin dekat makin jelas suara rintihan itu.
Ranting pohon **akhirnya dapat terangkat,**
kera yang terhimpit juga terbébas.

그는 아파서 **신음하는 소리를 들었다.**
가까이 갈수록 신음 소리는 **더욱 분명했다.**
결국 나뭇가지를 **들 수 있었고,**
깔렸던 원숭이도 또한 풀려 났다.

Kita **dapat mendonorkan darah** melalui PMI.

우리는 PMI를 통하여 **헌혈할 수 있습니다.**

2. 자연, 환경, 농업 관련 문장

Sampah yang dibuang sembarangan
menyebabkan banjir.

함부로 버린 쓰레기는
홍수의 원인이 될 수 있다.

Sekolah kami kebanjiran **karena**
saluran airnya mampat oléh sampah.
Sampah berserakan di mana mana.

우리 학교는 쓰레기에 의해 **수로가**
막혔기 때문에 홍수가 났다.
쓰레기가 여기저기 흩어져 있다.

Keakraban dan kedamaian **tak bisa**
kutemukan di kota.
Yang kamu sisakan
hanya puing puing bangunan.

친밀함과 평온함은
도시에서 발견될 수 없다.
네가 남겨준 것은
건물의 잔해뿐이다.

Panén tahun ini **terancam gagal.**
Kebun teh terbentang di kiri kanan jalan.
Pemandangan di sepanjang jalan amat indah.

올해 수확은 실패 위기에 처했다.
차 밭이 길 좌우에 펼쳐져 있었다.
길가에 있는 풍경은 정말 아름다웠다.

3. 재활용에 대한 문장

Tidak semua mainan **berasal dari pabrik.**
Tidak semua sampah merupakan
barang yang tidak berguna.

모든 장난감이 **공장으로부터** 온 **것이** 아니다.
모든 쓰레기가 **쓸모없는 물건으로**
이루어진 것은 아니다.

Ada sampah **yang bisa didaur ulang.**
Bahan baku kerajinan tangan ini
berasal dari barang bekas.

재활용될 수 있는 쓰레기가 있다.
이 수공예품의 주 재료는
폐품이다.

4. 대회 참석에 대한 문장

Berkat dorongan guru dan orang tua
saya ikut lomba itu.
Pemenang lomba akan mendapatkan
béasiswa dan piala.

선생님과 부모님의 강요(재촉) 때문에
나는 그 대회에 참석했다.
대회 우승자는
장학금과 우승컵을 받을 것이다.

Setiap ada lomba seni suara
saya selalu mengikutinya.
Saya keluar sebagai pemenang **pada lomba**
paduan suara tingkat kecamatan.

음악 대회가 있을 때마다
나는 항상 그 대회에 참여했다.
나는 군 합창 대회의 우승자로서
앞으로 나갔다.

Bagi yang berminat dapat segera mendaftarkan
diri **pada wali kelas** masing-masing.
Pendaftarannya paling lambat **dua hari lagi.**

관심 있는 사람은 각각의 담임선생에게
스스로 즉시 등록할 수 있다.
등록은 아무리 늦어도 **이틀 뒤다.**

Jika kamu berminat,
kamu bisa meminta formulir ke panitia.
Pendaftarannya sampai pekan depan.

만일 네가 관심이 있으면,
등록 위원회로 가서 서류를 부탁할 수 있다.
등록은 다음 주까지이다.

mendapat, memperoléh 받다, 취하다   pekan, minggu 주

Puisi yang menang **akan dimuat di sebuah majalah.**
Jika mau ikut,
kamu harus mempersiapkan diri.

수상한 시는 **한 잡지에 실릴 것이다.**

만일 참석하고 싶다면, 너는 스스로 준비해야 한다.

5. 도움과 원조에 대한 문장

Bantulah **teman mencari jalan menuju kota.**
Menolong orang lain
merupakan perbuatan mulia.

도시로 가는 길을 찾는 친구를 도와라.
다른 사람을 돕는 것은
고귀한 행동이다.

Bersama temanku,
aku membantu teman lain **dengan sukaréla.**

내 친구와 함께,
나는 **자발적으로** 다른 친구를 도왔다.

Walaupun penghasilan Ali sebagai guru
pas pasan, tetapi dia sering membantu
biaya sekolah anak-anak yatim.

비록 선생으로서 알리의 수입은
생활하기에 딱 맞지만, 그는 자주
고아들의 **학비를** 지원한다.

6. 공문 관련 문장

Pemenang lomba akan diumumkan
pada hari Sabtu.
Keterangan lain yang belum jelas
dapat ditanyakan di tempat pendaftaran.

토요일에 **경기 우승자가**
발표될 것이다.
아직도 확실치 않은 다른 설명은
접수처에서 질문할 수 있다.

Berdasarkan surat ini,
kami umumkan kepada seluruh warga désa.
Kami berharap **agar orang tua siswa
dapat hadir tepat waktu.**

이 문서를 기초로,
우리는 전 마을 주민에게 알립니다.
우리는 정시에 학부모님이
참석할 수 있기를 바랍니다.

Sehubungan dengan kenaikan BBM
menteri perhubungan mengeluarkan
keputusan sebagai berikut.

연료 인상과 관련하여
교통부 장관은 아래와 같은
결정을 내어 놓았습니다.

7. 건강, 병, 약국 관련 문장

Pada kemasan obat biasanya berisi petunjuk dosis obat.
Penyakit yang harus diobati dengan antibiotik adalah kanker.

약 포장에는 보통 약 복용량의 설명이 들어 있습니다.
항생제로 치료해야 하는 질병은 암이다.

Apa yang perlu diperhatikan dalam memilih obat?

약을 선택할 때 **무엇을 주의해야 할 필요가 있나요?**

Sebutkan empat tips(cara) memilih obat asli dan palsu.

인증된 약과 가짜 약을 선택하는 **네 가지 방법을 말하세요.**

Penyakit ini ditandai dengan adanya gejala panas, batuk, badan meriang, dan disertai mual.

이 병은 덥고, 기침하고, 몸살기가 있고, 메스꺼움이 동반된 증세를 나타낸다.

Cara penularannya **melalui udara yang kita hirup.**
Makanan yang mengandung garam bisa menimbulkan tekanan darah tinggi.

그것의 전염 경로는 **우리가 마시는 공기를 통하여 전염된다.**
소금을 함유한 음식은 고혈압을 유발할 수 있다.

Aku berdiét dan berolahraga untuk menurunkan (mengurangi) berat badan.
Mengabaikan sarapan dengan alasan apa pun akan mengganggu keséhatan kita.

나는 몸무게를 줄이기 위하여 **음식을 조절하고, 운동을 한다.**
어떤 이유로든지 아침을 소홀히 하면 우리 건강을 해칠 것이다.

Keséhatan anak-anak di masa pertumbuhan **amat penting.**
Orang tua **perlu memperhatikan** gizi anaknya.

성장기에 있는 아이들 건강은 매우 중요하다.
부모는 아이의 영양을 주의할 필요가 있습니다.

Penyakit itu disebabkan **oléh virus hépatitis A dan B.**

그 병은 A, B 간염의 바이러스에 의해서 기인된다.

Buah itu digunakan untuk mengobati
berbagai jenis penykit,
baik yang ringan maupun yang berat.

그 과일은 여러 가지 종류의 병을
치료하기 위하여 **사용된다**,
가벼운 병뿐만 아니고 심한 병도.

Pertama kali mendengar berita flu burung,
aku menganggapnya biasa-biasa saja.
Tidak berbahaya dan tidak perlu dipikirkan.
Akan tetapi, pikiranku berubah.

처음에 조류 독감 뉴스를 들었을 때,
나는 그것을 그저 그렇다고 생각했다.
위험하지도 않고 생각할 필요가 없다고.
그러나, 내 생각은 바뀌었다.

Keséhatanku semakin memburuk.
Aku hanya makan bubur satu
atau dua séndok saja.
Itu pun sering aku muntahkan lagi.

내 건강은 **점점 나빠졌다.**
나는 오직 **한 두 숫가락의**
죽만 먹을 **뿐이다.**
그것 또한 자주 내가 다시 토해 버린다.

8. 훈계 및 지도, 교훈 및 충고 관련 문장

Kamu hendaknya jangan terlalu
mengandalkan dia.
Kalau kamu rajin bekerja,
semua cita citamu akan tercapai.

너는 그를 **너무 의지(신용, 믿음)**
하지 않는 게 바람직하다.
만일 네가 열심히 일한다면,
모든 너의 꿈은 이루어 질 것이다.

Jadilah orang yang dipercaya.
Jika kamu ingin menjadi orang yang pintar,
bukalah mata dan telinga.
Jangan sia siakan hidupmu
dengan narkoba dan sejenisnya.

신뢰받는 사람이 되라.
만일 네가 똑똑한 사람이 되고 싶으면,
눈과 귀를 열어라.
마약이나 그 같은 종류의 것으로
너의 삶을 무익하게 하지 마라.

Sabar. terampil dan pintar adalah
syarat utama bagi calon tenaga kerja.
Selama kita beraktivitas, terutama di luar,
pasti badan kita berkeringat.

인내, 숙련 그리고 똑똑함은
근로 지원자에게 중요한 조건이다.
우리가 활동하는 동안, 특히 밖에서,
분명히 우리 몸은 땀을 흘릴 것이다.

Oléh karena itu, kita harus mandi setelah melakukan aktivitas tersebut.
Kita **tidak boléh durhaka** kepada ibu.
Durhaka kepada ibu **akan membuat hidup kita sengsara.**
Tidak boléh berputus asa
jika mengalami kegagalan.

그렇기 때문에, 우리는 그 활동을 한 후에 목욕을 해야 한다.
우리는 어머니께 **반항하면 안 된다.**
어머니께 반항하는 것은 **우리의 삶을 고통스럽게 만들 것이다.**
만일 실패를 경험하더라도
포기해서는 안된다.

Kita harus bisa mengatur waktunya dengan baik.
Kamu **harus berbuat baik**
kepada siapa saja.

우리는 올바르게 시간 관리를 할 수 있어야 합니다.
너는 누구에게게나
바르게 행동해야 한다.

Hormatilah orang orang **di sekitarmu.**
Hormatilah orang lain
bila kamu ingin dihormati.

너 **주변에 있는** 사람들을 존경해라.
네가 존경받고 싶으면
다른 사람을 존경해라.

Jagalah hubungan baik dengan teman.
Permainan tradisional harus kita léstarikan
agar budaya asli tetap terjaga.

친구와 **좋은 관계를 지켜라.**
고유문화가 유지되기 위해
전통놀이는 우리가 보존해야 한다.

Sayangilah orang lain
agar orang itu pun menyayangi kamu.
Jangan berpikiran negatif
tentang orang lain.

다른 사람을 사랑해라
그 사람 또한 너를 사랑하도록.
다른 사람에 대해서
부정적인 생각을 갖지 마라.

Tanpa belajar
tak mungkin pintar.
Persahabatan tak melihat kekayaan.

공부하지 않고
똑똑해지는 것은 불가능하다.
우정은 부유함을 보지 않는다.

Persahabatan **melihat ketulusan hati.**
Kebaikan yang banyak
terhapus oléh kesalahan yang sedikit.

우정은 **마음의 진실함을 보는 것이야.**
많은 좋은 일이
조그만 잘못에 의해서 **사라진다.**

9. 여행 관련 문장

Dahulu, orang bepergian dari satu tempat ke tempat lain **dalam waktu berhari-hari.**

옛날엔, 사람들은 한 장소에서 다른 장소로 며칠 동안 여행했다.

Akan tetapi, **sekarang dalam waktu singkat,** kita sudah sampai di tempat tujuan.

그러나, 지금은 짧은 시간 안에, 우리는 목적지에 도착한다.

Di sela-sela waktu istirahat, petugas itu menceritakan **sejarah berdirinya Monas.**

쉬는 시간 사이사이에, 그 근무자는 모나스의 설립 역사에 대해 이야기했다.

10. 경험에 대한 문장

Kamu mungkin pernah mengalami hal ini **seperti aku.**
Coba berikan tanggapan mengenai isi cerita pengalaman itu.

너는 아마도 **나처럼** 이 일을 경험한 일이 있을 것이다. 그 경험담의 요지에 대하여 **의견을 줘.**

Jika ada yang tidak kamu mengerti, tanyakan kepada teman yang lain.
Cerita pengalaman **bisa menyenangkan, menyedihkan, mengecéwakan.**

만일 네가 이해되지 않은 것이 있다면, 다른 친구에게 물어봐라. 경험담은 **기쁨을 줄 수 있고,** 슬픔을 줄 수 있고, 실망을 줄 수도 있다.

Menurut saya, pengalaman Anda **biasa saja.**
Pengalaman saya lebih asyik.
Banyak yang dapat kita lakukan untuk sesama manusia.

내 생각에, 당신의 경험은 **그저 그렇다.** 나의 경험이 더 흥미롭다. 같은 인류를 위하여 **우리가 할 수 있는 것은 많다.**

11. 실종, 분실 관련 문장

Setelah hilang selama 3 hari akhirnya para pendaki ditemukan tim penyelamat.

3일 동안의 실종 후 마침내 등산객들이 구조 팀에게 발견됐다.

Sewaktu saya mencari teman,
tak ada yang tahu **ke mana ia pergi.**
Walaupun berhari hari,
berbulan bulan aku mencari, tak ada
yang berhasil menemukan temanku.

내가 친구를 찾을 때, **그가**
어디로 갔는지 아는 사람은 없었다.
비록 며칠,
몇 달을 나는 찾았지만, 내 친구를
찾는데 성공한 사람은 없었다.

Telah hilang **sebuah jam tangan**
merek TITO di kamar mandi kantor.
Jika ada yang menemukannya,
harap menghubungi Tedi di kantor.

사무실 화장실에서 **띠또 상표**
손목시계 하나를 분실했다.
만일 그것을 찾은 사람이 있으면,
사무실에 있는 **떼디에게 연락하길 바란다.**

Telah seminggu,
seorang anak perempuan **tidak pulang.**
Jika ada yang melihat atau menemukan
anak itu **mohon menghubungi**
atau **antarkannya ke kantor polisi.**

벌써 일주일,
한 여자아이가 **돌아오지 않았습니다.**
만일 그 아이를 보았거나 찾은 사람이
있으면 경찰서로 **연락**하거나
데려 가시기 바랍니다.

Dia kembali ke mobil,
mungkin ada yang ketinggalan.

그는 차로 돌아갔다,
아마도 두고 온 것이 있는 것 같다.

12. 꿈, 취미관련 문장

Cita-cita biasanya **sesuai(sama) dengan**
kesukaan dan **bakat.**
Akhirnya, aku berpikir-pikir **aku nanti**
akan jadi apa.

꿈은 보통 소질과 좋아하는 것에 상응한다.

결국, 나는 **내가 나중에**
무엇이 될 것인가를 계속 생각했다.

Ketika saya ditanya **apa kegemaran saya,**
dengan lantang saya menjawab.
Yang jelas, ketika ada siaran langsung
sépak bola, saya selalu menontonnya.

나는 내 **취미가 뭐냐고** 질문받았을 때,
명쾌하게 나는 대답했다.
분명한 것은, 축구 생방송이 있을 때,
나는 항상 그것을 봤다는 것이다.

13. 만들기 관련 문장

A : Idé yang bagus,
   tapi kamu tahu cara membuat itu?

좋은 생각이지만,
넌 그것을 만드는 방법을 아니?

B : Ya, aku tahu sedikit.

응, 나는 조금 알아.

A : Ok, kalau begitu **kita membuat itu**
   bersama-sama ya.
   Bahkan kamu bisa membuat
   modelnya **dengan sesuka hati.**

좋아, 그러면 **우리 그것을**
같이 만들자.
더욱이, 너는 **마음대로** 그 모델을
만들 수 있어.

B : Baik, aku membuat tempat pénsil
   melainkan kamu membuat céléngan.
   Seandainya kamu bisa membuatnya
   sendiri, tentu akan lebih hémat.

좋아, 나는 필통을 만들게
대신에 넌 저금통을 만들어.
만일 너 혼자 그것을 만들 수 있다면,
확실히 더 절약할 거야.

A : Ok, nanti soré **kita saling menélépon saja.**

그래, 오늘 오후에 **우리 서로 전화하자.**

14. 공공 장소 및 은행 관련 문장

Setiap hari, kantor pos itu **dikunjungi**
antara 200 sampai dengan 300 orang.
Rumah sakit itu mampu menampung
sekitar 200 pasién rawat inap.

매일, 그 우체국은 **200명에서**
300명 사이의 사람이 방문합니다.
그 병원은 **약 200명의**
입원 환자를 수용할 수 있습니다.

Aku mendapat undangan
dari Yayasan Seni Anak Internasional.
Acara itu dihadiri oléh 107 anak
yang berasal dari 75 negara.

나는 국제 어린이 예술 재단으로부터
초대장을 받았다.
그 행사는 **75개국에서 온**
107명의 아이들이 참석했다.

Kita harus menabung **untuk persiapan**
masa depan dan **keperluan yang mendadak.**
Angsuran(cicilan) yang harus kamu bayar
ke bank setiap bulannya sebesar 5 juta rupia.

우리는 앞 날의 준비와 갑작스런 필요를
위하여 저축하여야 합니다.
은행에 매달 네가 지불해야 할
할부금은 5백만 루피아만큼이다.

Lebaran: 금식 기간이 끝나는 이슬람 최대명절 **Idul Fitri**라고도 합니다. 이 기간에 거의 대부분 이슬람인들은 한국의 추석처럼 고향에 갑니다, **Mudik**의 뜻은 '귀향하다'라는 뜻입니다. 가령, **kamu mudik saat lebaran?** 너 러바란때 고향 가니?라고 물으면 고상한 질문이 됩니다. **Idul Adha** 은 이슬람 희생제 날로 전국에서 양과 소를 잡아서 이웃에 나누어 주고 같이 즐기는 명절입니다.

Hari Raya Nyepi: 힌두교 새해 명절   **Hari Kemerdékaan:** 독립기념일(8월 17일)

15. 길 안내 관련 문장

Terminal bus dapat ditempuh(masuk)
dalam waktu 30 menit dari sini.
Stasiun keréta api **berjarak**
sekitar 200 méter dari rumah saya.

버스터미널은 여기에서
30분 안에 들어갈 수 있습니다.
기차역은 내 집으로부터
약 200m 거리에 있습니다.

Jarak dari Jakarta sampai Bogor
lebih kurang 6 km.

자카르타로부터 보고르까지
거리는 **적어도 6km**이다.

Jaraknya sekitar 200 km dari sini.
Jaraknya 5 jam naik mobil dari Jakarta.

그 **거리는** 여기서 대략 200km 된다.
그 **거리는** 자카르타로부터 차를 타고 5시간이다.

Susuri jalan itu **sampai kalian**
menemukan pos(kantor) polisi.

너희들은 경찰서를 발견할 때까지
그 길을 따라가라.

A : Bang, angkot ini **léwat Margo City?**

아저씨, 이 앙꼿(미니버스)은 **마르고 시티를**
지나가나요?

B : Ngga léwat, ibu mau ke Margo City?
Kalau mau ke Margo City, naik nomor 10.
Angkot itu léwat depan Margo City.

안 지나갑니다, 사모님 마르고 시티 가려고요?
마르고 시티 가시려면, 10번 타세요.
그 앙꼿(미니버스)은 마르고 시티 앞을 지나
갑니다.

A : Permisi. **Numpang tanya?**
B : Silahkan.
A : **Stasiun yang terdekat**
ada di mana dari sini?

실례합니다. 길 좀 물어볼게요?
그러세요.
여기서 가장 가까운 역은
어디에요?

B : **Stasiun terdekat** adalah stasiun Cawang. **가장 가까운 역은** 짜왕 역이에요.

Kamu naik taksi dulu, 택시 먼저 타시고,

lalu tanyakan pada sopir. 기사에게 물어보세요.

Dia pasti tahu. 그는 확실히 알 거예요.

 위 문장 잘 기억하세요. 긴요하게 사용합니다. 특히 길을 물을 때 많이 사용합니다.

A : Aku dengar, dulu di dalam mal ini 내가 듣기론, 전에 이 몰 안에

ada tempat fitness? **헬스장이 있었다며?**

Tapi, sekarang tidak ada. 그러나, 지금은 없어.

Ada gym yang bagus di sekitar sini? 이 주변에 **좋은 헬스장이 있니?**

B : Ya ada, **tapi sedikit jauh.** 그래 있지만, **조금 멀어.**

Gymnya **ada di sebelah kantor polisi.** 헬스장은 **경찰서 옆에 있어.**

Untuk ke sana, butuh waktu 거길 가려면, **걸어서**

sekitar 10 menit **dengan jalan kaki.** 약 10분 걸려.

 fitness, gym 헬스장, 체육관 두 단어 모두 많이 사용합니다.

16. 직업, 직장, 구직, 회사 관련 문장

Pekerjaan **ada bermacam jenisnya.** 직업은 **여러 가지 종류가 있습니다.**

Ada pekerjaan **yang menghasilkan barang,** 직업은 물건을 생산하는 직업이 있고,

ada juga yang menghasilkan jasa (sérvis). 서비스를 생산하는 직업도 있습니다.

Pada iklan lowongan kerja, 구인 광고에서는,

sering kali terdapat tulisan "**kirimlah** "**당신의 지원서와 이력서를 보내세요**"

formulir melamar dan daftar riwayat hidupmu" 라는 문구가 자주 있습니다.

Orang yang ingin melamar pekerjaan 구직을 하고 싶은 사람은

harus melampirkan daftar riwayat hidup. 이력서를 첨부 시켜야 합니다.

Daftar riwayat hidup ini 이 이력서는

saya buat dengan benar. 제가 올바르게 만들었습니다.

Demikian daftar riwayat hidup ini
saya buat dengan sebenarnya.
Saya sadar **bahwa apabila memberikan**
keterangan palsu atau **tidak benar,**
saya bisa dituntut ke pengadilan.

이와 같이 이 이력서를
제가 올바르게 만들었습니다.
저는 알고 있습니다 **거짓이나**
옳지 않은 설명을 드렸다면,
저는 법원에 소환될 수 있다는 것을.

Mengisi daftar riwayat hidup
berdasarkan format yang tersedia.

이력서를 채우는 것은
준비된 양식을 기초로 했습니다.

Pertemuan besok ditunda pada hari Selasa
depan, **jam dan tempatnya masih sama.**
Pak, tadi sore, Pak Jon menelepon,
katanya, jadwal rapat besok ditunda.
Lalu dia minta **jika Bapak pulang**
telepon Pak Jon saja.

내일 회의는 다음 화요일로 연기됐고,
시간과 장소는 여전히 같습니다.
선생님, 오늘 오후에, 존 씨가 전화했어요,
내일 회의 일정이 연기되었데요.
그리고 선생님이 돌아오시면 존 씨에게
전화 해달라셨어요.

Ayah mendirikan perusahaan ini
sejak 10 tahun yang lalu.
Ia merintis usahanya itu dari nol.

아버진 이 회사를
10년 전부터 설립하셨어요.
그는 그 회사를 맨손으로 개척했어요.

Kini **sedikit demi sedikit**
usahanya mulai maju.
Dia **bekerja membanting tulang** setiap hari.

지금 조금씩 조금씩
그의 회사는 발전하기 시작했어요.
그는 매일 **최선을 다해** 일해요.

17. 약속 및 교육 관련 문장

Mia janji
tidak akan menyusahkan ayah lagi.
Saya janji
tidak akan berbuat seperti itu lagi.

미아는 약속했다
다시는 아빠를 힘들게 하지 않기로.
나는 약속했다
다시는 그런 행동을 않겠다고.

Aku sudah berjanji kepada anak
untuk membawanya (mengantarnya) ke pasar.

나는 아이에게 시장에 데려다주기로
이미 약속했다.

Jika sampai tak jadi,
anakku pasti sangat kecewa.
Mulai bulan depan, **akan diadakan**
pelajaran ékstrakurikulér komputer.
Ketentuan-ketentuan lain serta
jadwal belajar akan diberitahukan kemudian.

만일 취소라도 한다면,
아이는 매우 실망할 것이다.
다음 달부터, 컴퓨터
과외 (특별) 수업이 열릴 것이다.
다른 결정들과 수업 시간표는
차후에 알려 줄 것이다.

Acara ini diselenggarakan
atas kerja sama Universitas Indonésia.
Di désa, **banyak anak usia sekolah** yang
tidak bersekolah.

이 행사는 **우이대학의**
협조로 개최됐다.
시골에는, **많은 취학 연령의 아이들이**
학교에 가지 않는다.

Di sekitar kita, masih banyak anak yang
tidak dapat bersekolah **karena tidak ada biaya.**
Menuntut ilmu sangat penting
untuk bekal di masa depan.

우리 주변에는, **비용이 없기 때문에**
학교에 갈 수 없는 아이는 여전히 많다.
학문을 추구한다는 것은 미래에 있을
양식을 위하여 **아주 중요하다.**

Tingkat pendidikan meréka juga bervariasi.
Makhluk hidup perlu makan
untuk terus hidup.
Begitu juga manusia.
Begitu juga denganmu.

그들의 **교육 수준** 또한 다양하다.
생물은 계속 살기 위하여
먹을 필요가 있다.
인간 또한 그러하다.
너도 또한 그러하다.

Dengan begitu, ada keterkaitan
antara yang memakan dan **yang dimakan.**
Dalam rantai makanan
terjadi proses makan dan **dimakan.**

그렇게 함으로써, **먹는 자와 먹히는 자**
사이에는 연관이 있다.
먹이사슬 안에는
먹고 먹히는 과정이 발생한다.

18. 건설 관련 문장

TMII dibangun **di atas tanah**
seluas 12 hektare.
Bangunan itu berdinding **setengah témbok**
setengah kayu.

따만 미니는 12 헥타르
넓이로 땅 위에 건설됐다.
그 건물은 반은 나무로
반은 담장으로 벽을 쳤다.

Gedung itu berukuran 3 x 4 méter persegi dan berlantai ubin biasa.

그 건물은 3 x 4m² 크기이고 일반 타일 바닥을 하고 있습니다.

Keberadaan jembatan ini **akan memperlancar arus (aliran) lalu lintas.**

이 다리의 존재는 **교통의** 흐름을 더욱 원활하게 할 것이다.

Setelah melalui prosés yang panjang, jembatan ini dibangun.
Idé pembuatan jembatan ini **sebenarnya sudah muncul pada tahun 1900 an**.

긴 과정을 거친 후에, 그 다리는 건설됐다.
이 다리의 건설 아이디어는 사실 1900년대에 이미 나왔었다.

 다리의 건설 이력을 얘기하고 있습니다. 잘 숙지하세요.

19. 물가, 시장, 판매, 상인 관련 문장

Setelah menyeberangkan kami, ibu segera pergi ke pasar.
Saya memasarkan produk tersebut **dengan menitipkannya** ke warung-warung.

우리를 건네주고 난 후, 엄마는 서둘러 시장으로 가셨다.
나는 그 제품을 여러 가게에 그 **물건을 위탁하면서** 그 상품을 판촉 했다.

Pemerintah **akan membatasi penjualan** bensin bersubsidi.
Keuntungan per hari para pedagang **cukup bervariasi.**

정부는 보조금을 받는 기름의 **판매를 제한(통제)할 것이다.**
상인들의 하루 수익은 매우 다양하다.

 per hari, sehari 하루　　　per hari 는 매일 (setiap hari) 이란 뜻도 있습니다

Menjelang hari lebaran, harga-harga kebutuhan pokok mulai naik.

르바란 즈음에, 생필품 가격들이 오르기 시작한다.

A : Apakah ibu tidak rugi **menjual barang dengan harga murah**?
B : **Tidak apa-apa untung sedikit**.

아주머니께서는 **싼 가격으로** 물건을 팔면 손해 보지 않습니까?
이윤이 적어도 괜찮아,

yang penting **orang-orang senang
berbelanja** di warung saya.
Barang yang terjual pun
otomatis akan banyak.

중요한 건 **사람들이** 내 가게에서
즐겁게 물건을 산다는 거야.
팔리는 물건 또한
자동적으로 많아질 거야.

Barang keperluan sehari-hari di rumah Sisi
tinggal sedikit.
Oléh karenanya, ibu Sisi **berniat membeli
barang keperluan tersebut.**

시시의 집에 있는 **생필품이**
조금 남았다.
그래서, 시시의 엄마는
그 생필품을 사려고 계획했다.

Karena terlalu sibuk, ibu memesan
barang-barang itu melalui télépon.
Maka dari itu, ibu Sisi
tidak perlu répot pergi ke toko tersebut.

그러나 너무 바빴기 때문에, 엄마는
전화를 통하여 물건들을 주문했다.
그리하여, 시시 엄마는 그 가게로
번거롭게 갈 필요가 없었다.

Apa saja **yang kamu lihat di sana?**
Pasti ramai sekali, ya.
Aku tahu **bagaimana memilih barang
yang baik.**
Aku juga tahu **bagaimana cara menawar
harga barang.**

거기서 네가 본 것들은 무엇이니?
확실히 많이 복잡했을 거야.
나는 **어떻게 좋은 물건을**
고르는지 알았어.
나는 또한 **어떠한 방법으로**
물건값을 흥정하는지 알았어.

20. 협동조합과 행사 관련 문장

Koperasi adalah bentuk usaha yang bertujuan
memenuhi kebutuhan para anggotanya.
Koperasi biasanya menjual
barang-barang keperluan sehari-hari.

협동조합은 회원들의 필요한 것을
채우기 위한 목적을 가진 **회사 유형이다.**
협동조합은 보통
생필품들을 판다.

Membeli barang di koperasi
dapat dicicil pembayarannya.
Arisan **dapat mengakrabkan**
hubungan antarwarga.

협동조합에서 물건을 사면
지불을 할부로 할 수 있다.
계모임은 주민 간의 관계를
더 친밀하게 할 수 있다.

Koperasi meningkatkan
taraf hidup anggotanya.
Gerakan koperasi di Indonésia
mengadakan Kongrés Koperasi.
Kemudian, **tanggal itu ditetapkan**
sebagai Hari Koperasi Indonésia.
Dia tidak mau ikut kegiatan warga
dan tidak peduli dengan warga.

협동조합은 **회원의**
삶의 질을 높여 준다.
인도네시아 협동조합 운동은
협동조합 총회를 개최했다.
그 후, 그 날짜는 인도네시아
협동조합 날로써 **확정됐다.**
그는 주민 행사에 참여하지 않으려 했고
주민들에 관심을 갖지 않았다.

Pak Ali sudah dua kali **dipilih**
menjadi kepala désa.
Oléh sebab itu, **untuk pemilihan bulan depan**
pak Ali tidak boléh dipilih lagi.

알리 씨는 이미 두 번이나 **이장이**
되어서 선출됐다.
그래서, **다음 달 선거에서**
알리 씨는 다시 선출돼서는 안된다.

Seperti yang kita lihat sekarang ini,
tanpa bantuan orang tua, **tak mungkin**
kegiatan ini dapat terlaksanakan dengan baik.

최근 우리가 본 것처럼,
부모의 도움 없이, 이 행사가 올바르게
시행될 수 있다는 것은 **불가능했다.**

Meskipun paméran ini sudah kita **susun**
dan rancang sebaik-baiknya,
tetapi tetap saja masih ada kekurangan.

비록 이 전시를 이미 우리가 **구성하고**
최대한 좋게 **기획했지만,**
당연히 아직도 부족함이 있습니다.

Di sana sini masih banyak
hal **yang kurang sempurna.**
Sesampainya di kantor kabupatén,
kakék disambut dengan hangat.

여기저기에 아직도
완벽하지 않은 일이 많다.
군 사무실에 도착하자,
할아버지는 뜨겁게 환영받았다.

Penghargaan pun diserahkan oléh bupati.
Sewaktu ditanya apa yang membuat kakék
berhasil (suksés)
kakék menjelaskannya.

상장 또한 군수님으로부터 받으셨다.
할아버지를 성공하게 만든 것이
무엇이냐고 **질문받았을 때**
할아버지께서는 그것을 설명했다.

Saya mencintai pekerjaan saya.
Saya melakukannya **dengan senang hati.**

나는 나의 직업을 사랑한다.
나는 그 일을 즐거운 마음으로 했다.

Pekerjaan yang dilakukan dengan senang hati akan membuahkan hasil maksimal.

즐거운 마음으로 하는 일은 최대한의 결과를 만들어 줄 것이다.

21. 부탁 문장, 바람 관련 문장

Saya mohon kamu mau memaafkan kesalahan saya.

저는 당신이 저의 잘못을 용서해 주시기를 **바랍니다.**

Bulan depan **pelébaran jalan** akan dimulai. Mohon Bapak dapat membantu, **yaitu ikut kerja bakti.**

다음 달 **도로 확장이** 시작될 것입니다. 선생님이 도울 수 있기를 바랍니다, **이를테면 봉사활동에 참가하는 것이죠.**

Tolong jaga ibu saya **selama saya tidak ada di sini.** **Saya berharap** semoga cita-citamu untuk memperoléh pekerjaan **segera terwujud.**

아무쪼록 내 어머니를 지켜다오 **내가 여기에 없는 동안.** **나는** 직장을 구하려는 너의 바람이 곧바로 실현되기를 바란다.

Semoga Tuhan membalas kebaikan teman-teman. Saya kira **cukup sekian** pidato saya kali ini.

하나님께서 친구들의 선행에 응답 하시길 빕니다. 저는 이번 저의 연설은 **여기까지가 충분하다고** 생각합니다.

Saya mohon maaf **jika ada perkataan yang kurang berkenan.** Semoga **yang saya ungkapkan** dapat memberikan manfaat bagi Anda sekalian.

만일 마음에 들지 않은 말이 있었다면 용서를 구합니다. 제가 말한 것이 여러분들께 유용했기를 바랍니다.

A : Aku mau melihat **gedung tertua** dan **muséum yang paling terkenal** di Jakarta. Bisakah kamu **memandu** buat aku?
B : Tentu bisa.
　 Tapi aku **harus mencari informasi** dari internét.
　 Setelah itu aku **bisa memandu** kamu.

나는 자카르타에서 가장 **오래된 건물**과 가장 유명한 박물관을 보고 싶어. 너는 내게 **안내해** 줄 수 있니?
당연히 되지.
그러나 나는 인터넷에서 정보를 찾아야 해.
그 후에 너를 안내해 줄 수 있어.

A : Aku **juga mau melihat pertunjukkan**
  wayang kulit.
  Katanya, wayang kulit Indonésia
  paling terkenal di dunia?
B : Betul banget.

나는 인형극 공연도
보고 싶어.
인도네시아 와양꿀릿은
세계에서 제일 유명하다며?
정말 그래.

 merékomendasikan 추천하다   **memberitahukan** 알려주다

22. 핸드폰에 대한 문단

HP ini tetap beroperasi
meski terendam air.

물에 잠겼지만
이 핸드폰은 분명히 작동했다.

Meski terjatuh dari ketingian 2 méter,
HP ini tidak mengalami
kerusakan hardware.

비록 2 m 높이에서 떨어졌지만,
이 핸드폰은 하드웨어가 파손
당하지 않았다.

Kemudian tetap utuh,
tidak terjadi kerusakan apa pun.
Nokia mengeluarkan HP ini pada tahun lalu.

그리고 여전히 원상태였고,
아무런 파손도 일어나지 않았다.
노키아는 지난 해에 이 핸드폰을 출시했다.

HP ini menggunakan **casing(kasing)**
berbahan métal tahan banting.

이 핸드폰은 충돌에 견디는 금속 재료를
가진 케이스를 사용했다.

Pihak véndor mengklaim.
Hanya beberapa barang
yang beredar di pasar global.

판매자 측은 클레임을 걸었다.
글로벌 시장에 돌아다니는 것은
오직 몇 개의 제품뿐이다.

23. 물의 순환에 대한 문단

A : Wita, **nanti airnya tumpah** dan
  lama-lama bisa habis.

위따, 나중에 물이 넘치고 점점 갈수록
없어질 수도 있어.

Tempat paman ambil air jauh dari sini.
Kamu tahu **bahwa air yang ada di sini**
berasal dari prosés panjang?

B : Panjang bagaimana?

A : Air yang ada di sini
mengalami prosés panjang.
Dari bumi menguap ke angkasa
hingga akhirnya kembali lagi ke bumi.
Prosés ini **disebut daur air.**

아저씨가 물을 가져오는 장소는 여기서 멀어.
너는 아니 **여기에 있는 물이**
긴 과정을 거쳐 온다는 것을?

어떻게 길다는 거예요?

여기에 있는 물은
긴 과정을 겪는단다.
땅에서부터 하늘로 증발하고 결국
땅으로 다시 돌아오기까지.
그 과정을 **물의 순환**이라고 불러.

24. 자동차와 자동차 사고에 대한 문단

Ternyata ada mobil menabrak
seorang nénék.

사실 한 할머니를 들이받은
차량이 있었다.

Mobil yang dikendarai pemuda itu
melarikan diri
tanpa menghiraukan korbannya.

그 젊은이가 운전한 차는
그 희생자에게 관심도 없이
도망가 버렸다.

Mobil-mobilan itu dilengkapi
dengan remote control.
Mainan itu dapat digerakan
dari jarak jauh.

그 장난감 자동차는
리모컨이 장착되었다.
그 장난감을 **먼 거리에서**
움직일 수 있었다.

Oléh karena itu, **aku meminta** ayah
untuk membelikan mobil-mobilan itu.
Ayah mengajari **cara membuatnya.**

그래서, **나는** 아버지께
그 장난감 자동차를 사주시도록 **부탁했다.**
아버지는 그것을 만드는 **방법을** 가르쳐주셨다.

Ketika mobil-mobilanku jadi,
betapa senang dan bangga hatiku.

내 장난감 자동차가 완성됐을 때, 내 마음은
얼마나 기쁘고 자랑스러웠는지 모른다.

25. 로봇, 잠수함에 대한 문장

1) Perusahaan pembuatannya **memperkenalkan robot Asimo vérsi terbaru (mutakhir)** pada pertengahan Désémber lalu. Meréka **masih belum ada rencana** untuk menjual dan menyéwakan robot itu.

그 제작 회사는 지난 12 월 중순에 **가장 새로운 버전의 아시모 로봇을 소개하였다.** 그들은 그 로봇을 팔거나 임대할 계획을 **아직도 갖고 있지 않았다.**

2) **Panjang kapal selam ini 76m**, tingginya 7m. Kapal ini **mampu menampung 63 awak kapal** termasuk perwira. Di dalam kapal itu, ada 7 ruangan **sebagai berikut.**

이 잠수함의 길이는 76m, 그 높이는 7m이다. 이 배는 장교를 포함하여 **63명의 승무원을 수용할 수 있다.** 그 배 안에는 **다음과 같은** 7개의 방이 있다.

26. 호텔 주변상황에 대한 문단

Tak jauh dari pelabuhan, ada hotél yang megah. Di depan pintu, **ada menara yang bentuknya unik**. Menara yang tingginya 20 méter ini dulu sangat penting. **Tampak menara-menara yang berjajar di sudut**, juga tampak bangunan bangunan lain **yang tak kalah besarnya**. Menara itu berjajar **dengan jarak yang tidak terlalu jauh**. Di atapnya **berkibar** bendéra mérah putih Sang Saka.

항구에서 멀지 않은 곳에, 웅장한 호텔이 있다. 출입문 앞에는, **특이한 모양의 탑이 있다.** 높이가 20m 인 이 탑은 예전에 매우 중요했다. **구석에 줄지어선 탑들이 보이고,** 또한 그 크기에 뒤지지 않는 다른 건물들이 보인다. 그 탑은 **그리 멀지 않은 거리로** 줄지어 있다. 그 지붕에는 인도네시아의 국기가 **펄럭이고 있다.**

 호텔 주변의 상황을 이야기하고 있습니다.

27. 바다에서 고기에 물린 상황 문단

Saat kudekati, **tangan Wanda mengeluarkan darah** dan **membengkak**. Katanya, **ia disengat** oléh ikan buntal. kami **langsung meminta tolong** orang

orang yang berada di sekitar pantai. Duri ikan buntal **mengandung racun**. Jika tangan kita **terkena durinya**, racun akan masuk ke tubuh kita. **Jika tidak cepat ditolong dokter, racun akan menjalar** ke seluruh tubuh dan bisa menyebabkan kematian.

내가 다가갔을 때, 완다의 손은 **피가 흘러나왔고 부어 있었다**. 그는 복어에게 **쏘였다**고 말했다. 우리는 해변 주변에 있는 사람들에게 **곧바로 도움을 청했다**. 복어의 가시는 **독을 함유하고 있다**. 만일 우리 손이 그 **가시에 찔리면**, 독은 우리 몸으로 들어올 것이다. **만일 빨리 의사의 도움을 받지 않으면**, 몸 전체로 **독은 퍼질 것이고** 죽음의 원인이 될 수도 있다.

 바닷가에서 물고기에 물린 상황을 이야기합니다.

28. 수액을 받으면서 공상하는 문장

Tampak air lontar menetés. Ia melihat **setetés demi setetés air lontar** masuk ke tempatnya. Ia lalu berkhayal. Punya mobil **bisa jalan ke mana-mana**, tetapi mobil tidak bisa terbang. **Tangkai dahan tempat ia duduk** bergoyang keras. Tempat menampung air lontar **bergoyang goyang dan tumpah.**

야자나무 물이 떨어지는 것이 **보였다**. 그는 **한 방울 한 방울** 야자나무 물이 그 곳으로 들어가는 것을 보았다. 그는 그런 후 상상을 했다. 차를 갖고 있으면 **어디든지 갈 수 있다**, 하지만 차는 날 수가 없지. 그가 앉은 곳의 나뭇가지가 심하게 흔들렸다. 야자나무 물통이 **흔들렸고 쏟아졌다.**

29. 광고에 대한 교훈 문단

Ingat, **jangan mudah terpengaruh** dengan bahasa iklan **yang cenderung berlebihan.**
Jangan segan bertanya
kepada guru atau teman
yang tahu tentang bimbel tersebut.
Pilihlah lembaga bimbel sesuai dengan
kemampuan keuangan orang tuamu.
Untuk itu, **sebelum menentukan pilihan,**
diskusikan matang-matang dengan orang tua
agar tidak ada penyesalan di kemudian hari.

염두해라, **과하게 마음을 기울게 하는**
광고 말에 **쉽게 영향을 받지 마라.**
그 학업지도에 대해서 **알고 있는**
선생님이나 친구에게 **질문하는 것을**
꺼려 (어려워) 하지 마라.
당신 부모님의 재정 능력과
맞는 교육기관을 선택해라.
그것을 위하여, 선택을 결정하기 전에,
부모님과 충분한 의논을 해라
미래에 후회가 없도록.

30. 회비를 못 낸 상황 문장

A : Ibu bekerja **di perusahaan pakaian jadi.** 엄마는 **기성복** 회사에서 근무하서.
Ibu bekerja **di bagian administrasi,** 엄마는 **관리부에서** 일하시고,
gajinya masih kecil. 봉급은 여전히 적어.
Jadi, tak cukup **untuk membiayai** 그래서, **생활비 지출과** 내 학교
biaya kehidupan dan sekolahku. 비용을 지출하기에는 충분치 않아.
Aku sudah minta kepada ibu, 나는 이미 엄마께 부탁했는데,
tetapi belum ada uang. 아직 돈이 없으셨어.
Kalau dihitung jumlahnya cukup banyak. 계산해보니 금액이 너무 많았어.
Padahal aku sudah berjanji hari ini. 실은 나는 이미 오늘 약속을 잡았어.
Aku khawatir **kalau disuruh pulang** 나는 **만일 돌아가라고 지시할까 봐** 걱정이야
kalau aku pulang percuma juga. **내가 돌아간다 해도** 역시 쓸데없는 일이야.
B : Nanti kita berdua **datang ke kantor** 우리를 부르기 전에 우리 둘은 같이
sebelum dipanggil, **사무실로 가는 거야,**
kemudian kita mengatakan sejujurnya 나중에 우리는 너의 사정에 대해서
tentang keadaanmu. Bagaimana? 솔직하게 말하는 거야. 어떠니?
A : **Aku rasa** itulah hal terbaik **나는** 그것이 지금 내가 **해야하는**
yang harus kulakukan saat ini. 가장 좋은 일이라고 **생각해.**
Kalau bukan kamu, **네가 아니었다면,**
aku tentu disuruh pulang. 나는 당연히 돌아 가라고 지시 받았을 거야.

31. 시험에 관한 문장

A : **Apa yang** membuatmu risau? **무엇이** 너를 불안하게 만드니?
B : Aku gagal ujian. 난 시험에 실패했어.
A : Masa cuma ujian saja 단지 시험이 너를 **이렇게**
membuatmu **manyun begini.** **구시렁거리게** 만들 수가 있다니.
Itu kan, masih seminggu lagi. 그것은(시험) 말이야, 아직 일주일 후 잖아.
B : Entahlah, **aku hanya tidak tenang**. 모르겠어, **나는 초조할 뿐이야.**
A : Tenanglah, kamu sudah berusaha. 침착해라, 너는 이미 노력했잖아.
B : **Aku lega sekarang**. 나는 지금 마음이 놓여.

32. 사전검사에 관한 문단

Pembuatan benda itu **dilakukan bersamaan dengan pencarian lokasi. Pekerjaan itu** membutuhkan **waktu yang tidak sedikit.** Hal itu **dapat selesai dipasang bersamaan** dengan selesainya pembuatan barang itu. Pada hari pertama, **uji coba itu** terjadi masalah.

그 물건의 제작은 **장소섭외와 동시에 행해졌다.** 그 일은 적지 않은 시간이 필요로 했다. 그 일은 그 물건 제작의 끝남과 **동시에 설치되어 끝날 수 있었다.** 첫날에, 그 **사전검사는** 문제를 일으켰다.

 pencarian, penemuan 발견   **uji coba** 사전검사

33. 낚시, 야영 관련 문단

1) Pada hari libur, Ali biasanya memancing bersama ayahnya. Menurut ayah, **memancing berfungsi menghilangkan strés** dan **rasa lelah.** Pancing Ali **bergerak gerak.** Setelah ikan **dilepaskan dari mata kail,** Ali memasukkannya ke dalam émbér.

휴가 날에, 알리는 보통 아버지와 함께 낚시를 간다. 아버지 말씀이, **낚시하는 것은 스트레스와 피곤한 느낌을 잊게 해준다고 했다.** 알리의 낚싯대가 **계속 움직였다.** 고기를 **낚싯바늘로부터 뺀 후,** 알리는 물통 속으로 고기를 넣었다.

2) Rafli dan kawan kawan mencari **tempat yang datar** di perbukitan itu. Lalu, **di bawah pimpinan seorang pembina,** meréka mendirikan tenda. Meréka bermalam diterangi lampu minyak **sambil menyalakan api unggun.**

라삐와 친구들은 그 구릉지역에서 **평평한 장소를** 찾았다. 그런 후, 한 지도자의 **지도 아래,** 그들은 **천막을 쳤다.** 그들은 모닥불에 불을 붙이면서 **등불을 밝히고 밤을 지새웠다.**

34. 게임, 놀이기구에 대한 문장

1) Jika kamu terpaksa mau main **play station,** main PS **paling lama** 1 jam saja. **Jika lebih lama dari itu** dapat merusak mata. Sebaiknya kita jangan **kecanduan** main PS. Kasihan orang tua kita **yang telah bersusah payah** membiayai sekolah. **Jadilah orang yang berguna** bagi nusa dan bangsa.

만일 네가 어쩔 수 없이 **게임을** 하려 한다면, 게임은 **제일 오래 해도** 1시간만 게임을 해라. **그보다 더 오래 하면** 눈을 망칠 수 있다. 우리는 게임 **중독에 빠지지** 않는 게 좋다. 학교 회비를 지불하려고 **힘들어하시는** 우리 부모님이 불쌍하잖아. 민족과 조국을 위하여 **필요한 사람이 되어라.**

 | **kecanduan** 중독에 빠지는, 중독　　**PS(play station)** 게임　　　**susah payah** 매우 어려운

2) Untuk naik komidi putar, **kamu harus waspada. Kamu tidak usah** tegang atau takut. Silakan kamu nikmati permainan ini **sepuasnya. Jangan ragu-ragu** atau **takut.** Jika kamu merasa **pusing** atau **mual-mual,** pejamkan mata dan berpeganganlah **erat-erat.** Jika kamu ingin turun **dari wahana permainan,** tunggulah sampai benar-benar berhenti. **Jangan melompat** ketika komidi putar masih berputar.

회전목마를 타려면, **너는 주의하여야 한다.** 너는 긴장하거나 두려워할 **필요가 없다. 마음껏** 이 놀이기구를 즐겨라. **주저하거나 두려워하지 마라.** 만일 네가 **어지럽거나** 속이 메스꺼우면, 눈을 감고 **강하게** 잡아라. 만일 **놀이기구에서** 내리고 싶으면, 진짜로 멈출 때까지 기다려라. 회전목마가 아직 돌아갈 때는 **뛰어내리지 마라.**

35. 심판에 대한 문단

Dalam lomba, **untuk menentukan karya terbaik** atau **peserta terbaik** harus dilakukan dengan adil. Apakah **tim juri melakukan penilaian secara objéktif** atau **subjektif,** adil atau tidak? Keputusan meréka **tak bisa diubah** apalagi **menggugat. Ada kecenderungan,** juri menilai **menurut seléra pribadi** masing-masing. Buktinya, dari tiga orang juri, biasanya penilaian meréka **terhadap satu karya** atau **satu peserta** bisa berbéda-béda. Penilaian meréka tetap terpengarui **oléh seléra** dan **émosi pribadi** masing masing.

대회 중, **가장 좋은 작품이나 가장 좋은 참가자를 결정하기 위해서는** 공정하게 행해져야 한다. **심판진은 객관적 또는 주관적 그리고 공정 또는 불공정하게 평가하는가?** 그들의 결정은 **바뀔 수가 없다** 더욱이 **문제 삼을 수도 없다. 마음이 기우는 것이 있고,** 심판은 각자의 **개인 취향대로** 평가한다. 그 증거로, 세 사람의 심판으로부터, 보통 한 **작품이나** 한 **참가자에 대한** 그들의 평가는 다를 수가 있다. 그들의 평가는 각각의 **개인 취향과 감정에** 의해서 여전히 영향받는다.

부록.

인도네시아
애국가

Indonesia Raya.

♪

Indonesia **tanah airku**	인도네시아는 **내 조국**
Tanah tumpah darahku	땅에 내 피를 흘렸다
Di sanalah aku berdiri	거기에 내가 서 있고
Jadi pandu ibuku	어머니의 안내자가 된다

♪

Indonesia kebangsaanku	인도네시아는 내 조국
Bangsa dan tanah airku	나의 민족과 조국
Marilah kita **berseru**	우리 **함성을 지르자**
Indonesia **bersatu**	인도네시아는 **하나다**

♪

Hiduplah tanahku hiduplah negeriku	우리의 땅 만세 우리 나라 만세
Bangsaku rakyatku semuanya	나의 민족 나의 국민 그 모두 다
Bangunlah jiwanya **bangunlah badannya**	그 혼과 **그 몸을 세워라**
Untuk Indonesia Raya	위대한 인도네시아를 위하여

♪

Indonesia Raya merdeka merdeka	위대한 인도네시아 만세 만세
Tanahku negeriku yang kucinta	사랑하는 내 땅과 내 나라
Indonesia Raya merdeka merdeka	위대한 인도네시아 만세 만세
Hiduplah Indonesia Raya	위대한 인도네시아에서 살자

❖ 위 문장은 인도네시아 국가입니다. 우리가 인도네시아어를 배우고 여기서 살아가고자 한다면, 이 나라의 국가 정도는 알면 어떨까요? 유튜브를 통해 배워 놓으시고 인도네시아인 앞에서 한 번 불러 보세요, 화들짝 놀라기도 하지만 굉장히 좋아합니다. 특히 인도네시아에서 정착하시려는 분들은 제2의 고향이라고 생각하고 외워보시는 것도 좋은 공부될 거라 생각합니다.

이제 1권이 끝났습니다. 여러분은 이미 일반 회화책 5~6권 분량의 문장을 읽었습니다. 실력 또한 많이 향상됐으리라 생각합니다. 이 정도의 분량은 BIPA 1 초반 수준이고 유치원, 초등학교 1, 2학년 수준입니다. 다음 제2권은 3, 4학년 수준이 되겠죠? 2권도 열심히 하시길 부탁합니다.